教育部人文社科规划基金"风险感知视角下汇率波动对资本急停的
影响机制研究"（项目编号：21YJA790033） 资助
陕西师范大学国际商学院一流学科学术著作出版基金

国际金融周期、跨境资本流动与政策效果

梁 锶 著

中国财经出版传媒集团
经济科学出版社
Economic Science Press

图书在版编目（CIP）数据

国际金融周期、跨境资本流动与政策效果/梁锶著
．--北京：经济科学出版社，2023.3
ISBN 978－7－5218－4620－1

Ⅰ．①国… Ⅱ．①梁… Ⅲ．①国际金融－经济周期－影响－资本流动－金融政策－研究－中国 Ⅳ．
①F832.6

中国国家版本馆 CIP 数据核字（2023）第 047355 号

责任编辑：于　源　刘　悦
责任校对：刘　娅
责任印制：范　艳

国际金融周期、跨境资本流动与政策效果
梁　锶　著

经济科学出版社出版、发行　新华书店经销
社址：北京市海淀区阜成路甲 28 号　邮编：100142
总编部电话：010－88191217　发行部电话：010－88191522
网址：www.esp.com.cn
电子邮箱：esp@esp.com.cn
天猫网店：经济科学出版社旗舰店
网址：http://jjkxcbs.tmall.com
北京季蜂印刷有限公司印装
710×1000　16 开　13 印张　200000 字
2023 年 4 月第 1 版　2023 年 4 月第 1 次印刷
ISBN 978－7－5218－4620－1　定价：56.00 元
(图书出现印装问题，本社负责调换。电话：010－88191545)
(版权所有　侵权必究　打击盗版　举报热线：010－88191661
　QQ：2242791300　营销中心电话：010－88191537
　电子邮箱：dbts@esp.com.cn）

前　言

金融开放背景下,中国面临严峻的异常资本流动风险,资本管制和汇率制度安排作为防范异常资本流动的主要政策手段,其有效性备受争议。传统的研究仅是从宏观视角出发观察政策措施对跨境资本流动的线性影响,研究结论莫衷一是。本书突破传统分析视角,以国际金融周期为背景,论证资本管制、汇率制度安排对跨境资本流动的非线性影响,并从微观视角进行解释,据此提出防范资本大规模流动的政策方案,具有重要的理论价值和实践意义。

本书的第 1 章阐述了选题背景和研究意义,概况性地描述研究内容和方法,提出研究特色以及创新之处。第 2 章对研究内容中所涉及的文献进行了整理,并据此提出研究空间,为本书核心部分的撰写奠定基础。

准确测度国际金融周期是本书的基石,第 3 章通过建立马尔科夫区制转换模型准确测度国际金融周期,并通过考察中国货币政策与国际金融周期的协同性来研判"二元悖论"对中国的适用性。研究结果表明以全球避险情绪指数(VIX)来衡量的国际金融周期存在显著的双区制特征,且在高区制受到美国货币政策的影响显著。当前,国际金融周期正处于高区制时期,意味着各国容易受到美国货币政策的影响。中国货币政策存在显著的"自维性"特征，在高利率区制显著受到国际金融周期的影响，因此"二元悖论"具有一定的解释力，而在低利率区制受到国际金融周期的影响并不显著，这暗含着在低利率区制中国货币政策具有较大的操作空间。此研究结果表明国际金融周期具有客观存在性，且受到美国货币政策的影响显著。

基于对国际金融周期的准确测度，本书第 4 章利用门限模型考查在金融周期条件下资本管制的有效性。资本流动实际上是投资者跨境投资行为的宏观表象。基于预期理论提出假设：在金融周期波动的条件下，由于投资者预期收益的不同将导致投资决策在金融周期的不同阶段呈现差异性，进而导致资本管制对资本流动的影响存在非线性的特点。选取 1990～2015 年 19 个国家的面板数据利用门限模型检验了假设的合理性：在金融高涨期以及金融衰退期，资本管制的效果不及金融平稳期。相比较发达国家，发展中国家的管制效果受到金融周期的影响更强。因此，在金融高涨期以及衰退期，除了应加大资本管制的力度以外，还应结合运用宏观审慎管理措施并对投资者预期进行干预。

本书第 5 章利用 1990～2017 年 31 个发达经济体和 28 个发展中经济体的季度数据，详尽计算了六类资本急停的样本，据此探索国际金融周期对不同类别资本急停的影响，以及汇率制度与资本管制对资本急停的防范效果。研究结果表明，国际金融周期上升将增加 SSI（总流入型资本急停）、SSO（总流出型资本急停）、SSN（净流入型资本急停）、SSIN（总流入且净流入型资本急停）、SSON（总流出且净流入型资本急停）、SSION（总流入且总流出且净流入型资本急停）的发生概率，且对发达经济体 SSO 和发展中经济体 SSI 有显著的正向影响。资本管制仅对 SSIN 的作用显著，而汇率稳定性对防范各类资本急停均有显著的作用。国际金融周期对资本管制与汇率制度的政策效果产生调节作用。当国际金融周期上升，资本管制对发展中经济体 SSO 的防范作用更不理想，而汇率稳定对发达经济体 SSION 以及发展中经济体 SSON 的防范作用增强。由此为各国在国际金融周期背景下防范各类资本急停提供针对性的政策建议。

第 6 章对去美元化背景下汇率制度安排方案进行研究。美国无上限量化宽松货币政策引发全球"去美元化"浪潮和国际资本无序流动风险，探讨锚定美元的汇率制度在外部冲击中发挥的作用是各国政府面临的重要问题。本书利用 31 个发达经济体和 28 个发展中经济体 1990~2019 年的季度样本数据实证检验六类资本急停产出效应的方向和程度，重点考察锚定美元是否在其中发挥了调节作用，并利用中介模型对锚定美元影响资本急停产出效应的中介渠道进行分析。结果表明，发达经济体和发展中经济体发生 SSION 均会产生显著的负向影响，发展中经济体发生 SSIN 的负向产出效应也很显著。锚定美元对发展中经济体 SSIN、SSION 负向产出效应发挥了显著的正向调节作用，经常项目是发展中经济体锚定美元影响 SSIN、SSION 负向产出效应的中介渠道。本书的研究结果对各经济体，尤其是对发展中经济体稳步推进汇率制度改革，防范资本急停负向产出效应，提供了有价值的参考。

第 7 章利用 34 个新兴经济体 1997 年第一季度至 2021 年第四季度的数据，从微观视角考察了汇率波动对不同部门短期跨境资本流动的影响。研究结果表明，新兴经济体汇率波动增大会显著促进公共部门其他投资、总短期资本流入，抑制银行部门组合投资其他投资和总短期资本流入以及企业部门其他投资和总短期资本流入。微观主体风险感知在汇率波动影响跨境资本流动中发挥着中介渠道的作用，而对不同部门的中介效应存在差异。本章的研究结论对汇率改革过程中的新兴经济体防范跨境资本大规模流动具有重要的政策价值。

第 8 章本章实证检验人民币汇率水平和汇率波动对新兴经济体跨境资本流动方向的影响，并论证人民币汇率影响新兴经济体跨境资本流动的中介渠道。研究结果表明，人民币汇率水平上升会导致新兴经济体资本净流入减少，而人民币汇率波动上升将导致新兴经济体资本净流入增加。大宗商品价格和风险感知程度分别是汇率水平和汇率波动影响新兴经济体跨境资本流动的中介渠道。

第 9 章和第 10 章分别梳理了关于资本管制、汇率制度安排的相关理论，并以我国政策实践为基础，结合前序章节的研究结论论述国际金融周期背景下我国政府资本项目管制以及汇率制度安排方案。

第 11 章和第 12 章总结了本书的研究成果并提出后续研究方向。

梁 锶
2023 年 2 月

目 录

第1章 导论 ··· 1
 1.1 选题背景和研究意义 ·· 1
 1.2 研究方法及内容 ··· 4
 1.3 特色与创新 ··· 6

第2章 国内外研究的现状和趋势 ···························· 8
 2.1 资本急停的相关研究 ······································· 8
 2.2 资本管制与资本流动 ······································ 12
 2.3 汇率制度与资本流动 ······································ 13
 2.4 国际金融周期与资本流动 ································ 15
 2.5 行为金融学理论相关研究 ································ 16
 2.6 理论发展动态及存在的扩展空间 ······················· 17

第3章 国际金融周期的准确测度 ··························· 19
 3.1 关于"三元悖论"还是"二元悖论"的探讨 ········· 19
 3.2 国际金融周期的测度 ······································ 22
 3.3 美国货币政策对国际金融周期的影响 ················· 25

3.4 中国货币政策与国际金融周期的协同性 …………………… 28
3.5 结论与建议 …………………………………………………… 31

第 4 章 金融周期条件下资本管制有效性的再检验 ………………… 33
4.1 资本管制对跨境资本流动有效性的讨论 …………………… 33
4.2 研究思路与模型构建 ………………………………………… 36
4.3 代理变量及数据说明 ………………………………………… 38
4.4 检验结果及分析 ……………………………………………… 42
4.5 结论与建议 …………………………………………………… 49

第 5 章 国际金融周期、资本急停与政策有效性 …………………… 51
5.1 引言 …………………………………………………………… 51
5.2 资本急停的特征性事实 ……………………………………… 54
5.3 实证检验 ……………………………………………………… 57
5.4 国际金融周期对政策效果的影响 …………………………… 65
5.5 结论与建议 …………………………………………………… 68

第 6 章 锚定美元、资本急停与产出效应 …………………………… 70
6.1 "去美元化"浪潮 …………………………………………… 70
6.2 锚定美元与资本流动 ………………………………………… 72
6.3 锚定美元在资本急停产出波动中的特征观察 ……………… 74
6.4 实证检验 ……………………………………………………… 88
6.5 中介效应检验 ………………………………………………… 99
6.6 结论与政策建议 ……………………………………………… 104

第 7 章 新兴经济体汇率波动对跨境资本流动的影响 ……………… 106
7.1 汇率波动与资本项目开放 …………………………………… 106

7.2　汇率波动对跨境资本流动影响的逻辑论证 …………… 108
　　7.3　模型设定与数据来源 …………………………………… 110
　　7.4　实证检验及结果分析 …………………………………… 113
　　7.5　结论与启示 ……………………………………………… 118

第 8 章　人民币汇率对新兴经济体跨境资本流动的影响 ……… 120
　　8.1　问题的提出 ……………………………………………… 120
　　8.2　影响跨境资本流动的因素 ……………………………… 121
　　8.3　理论分析和研究假设 …………………………………… 124
　　8.4　实证检验 ………………………………………………… 125
　　8.5　机制检验 ………………………………………………… 142
　　8.6　结论与政策建议 ………………………………………… 152

第 9 章　国际金融周期背景下政府资本项目管制方案 ……… 153
　　9.1　资本管制政策的理论支撑 ……………………………… 153
　　9.2　关于资本管制有效性的讨论 …………………………… 154
　　9.3　中国资本项目开放与管制 ……………………………… 158

第 10 章　国际金融周期背景下人民币汇率制度安排方案 …… 162
　　10.1　人民币汇率与资本流动 ………………………………… 162
　　10.2　人民币汇率制度改革进程 ……………………………… 163
　　10.3　人民币汇率制度安排探索 ……………………………… 164

第 11 章　研究结论与启示 ……………………………………… 166
　　11.1　主要研究结论 …………………………………………… 166
　　11.2　关于行为金融学的理论解读 …………………………… 168
　　11.3　政策建议 ………………………………………………… 171

第 12 章　不足与展望 …………………………………………… 174

结语 …………………………………………………………………… 176

参考文献 ……………………………………………………………… 178

第1章

导　论

1.1　选题背景和研究意义

2015～2017年中国跨境资本大幅波动，外汇储备跌破3万亿美元关口。随着人民币加入特别提款权（SDR），人民币国际化全面跟进，中国资本项目完全开放指日可待，但金融开放的风险随之而来。从中国季度国际收支表资本金融账户的变动状况可以看出，自2014年起，中国跨境资本流动呈现新动向：证券投资净值由正转负，其他投资净流出超过1 200亿美元，创造历史最高点，与此同时，外汇储备从2014年第一季度末的3.99万亿美元开始锐减，一时间关于中国面临"三难"政策困局的探讨四处兴起（Bernanke, 2016）。资本项目开放是推进人民币国际化的必选路径，而资本项目开放必然引起跨境资本流动活跃，汇率面临下行压力，货币政策干预外汇市场是维持汇率稳定的主要手段，但会因此消耗外汇储备，引发汇率贬值预期，资本外流。而中国的经济走势似乎证实了预期的可信，进入2017年初人民币压力陡增，外汇储备跌破3万亿美元，引发全球对中国"资本外逃"的恐慌，理性看待"资本外逃"，并设计防范对策，是中国政府急需解决的问题。跨境资本异常波动在近半个世纪以来引发全球关注。自1971年布雷顿森林体系崩溃，国际货币体系的人为设计性导致国际资本流动活跃，由资本异常流动引发的危机以相似的脚本接连"上演"：1994年墨西哥金融危机、1997年亚洲金融危机、1998年俄罗斯金融危机、1999年巴西金融危机、2001年阿根廷金融危机、2005年印度尼西亚金融危机。一众学者试图从经济现实出发探索这些危机的发生机制及产出效应，在诸多异常资本流动的研究中，跨境净资本断崖式骤减带来的产出负效应最明显，因而最受学者关注。卡尔沃（Calvo，1998）、卡尔沃和莱因哈特（Calvo & Reinhart，2000）首次以资本急停"SuddenStop"的概念，来描述这种现象。随后，众学者对其进行了扩展研究，为发展中国家在开放资本项目时面临的资本急停风险作出政策指导。资本管制是发展中国家惯常采用的应对资本异常波动的方法，而其实际效果并未受到经验支持（余永定，2013），资本急停的相关研究结论也是如此（Edwards，2007）。那么为何资本管制对于资本流动的影响不甚显著？采取何种资本管制措施才能有效地防范具有负向产出效应的资本急停？此问题依然没有得到很好的解释。

除资本管制以外，汇率制度安排对跨境资本流动的影响也是学术关注的重点问题，而关于"固定"还是"浮动"的讨论由来已久。20世纪90年代发展中国家金融危机频发，使学术界开始关注资本流动下的汇率政策安排问题。大部分学者将这些危机归咎于软锚定（Eichengreen & Andrew，1998），由于发展中国家对于"浮动"的恐惧（Calvo，2000a），因此布雷顿森林体系的崩溃虽然掀起了浮动汇率的热潮，但锚定美元仍然是发展中国家广泛采用的汇率方案（Reinhart & Rogoff，2004），如果允许汇率完全浮动，国际储备损失就不会发生，就能较好地防范资本流动冲击风险。然而在2008年金融危机中，实行完全浮动的国家在面临危机时并无抵抗能力，而相反实行锚定汇率和有管理汇率安排的国家受到危机冲击的影响较小。作为"稳压器"的浮动汇率为何不能很好地防范外部风险？雷伊（Rey，2015）研究发现，金融全球化使各国信贷杠杆与资产价格波动变化具有较强的相关性，即提出关于"资本自由流动"与"货币政策独立"只能二选其一的重要观点。"二元悖论"冲击传统的"三元悖论"所预示的汇率浮动可以缓解资本流动压力的命题。从而引起国内外学者的广泛关注，然而研究结论依然莫衷一是（Aizenman et al.，2016；Obstfeld & Taylor，2017；范小云等，2015；伍戈和陆简，2016），但通过文献研读可以发现，此议题的大部分研究均涉及重要变量风险感知指数 VIX（Forbes & Warnock，2012；Bruno & Shin，2013a），体现出此领域对微观层面的关注（刘元春和林垚，2020；孙天琦等，2020）。"二元悖论"的出现，不仅对开放宏观的传统范式 M-F 造成了冲击，而且汇率政策安排对防范大规模资本流动的议题再次成为国际金融领域的研究热点。

随着宏观经济研究越来越需要依赖微观基础，而资本跨境流动实际上是微观行为主体的决策选择，从微观行为主体的层面探讨资本异常波动尤其是资本急停议题，成为国际金融理论界及各国政府需要解决的现实问题。本书试图基于微观视角，探索微观行为主体在国际金融周期的大背景下，面对资本管制以及汇率波动时的投资选择导致资本管制、汇率政策对跨境资本流动的政策效果产生非线性的影响，从而探索防范资本急停的资本项目管理方案及汇率安排方案，具有较显著的理论研究价值及实践指导意义。

（1）丰富和完善学术研究内容。经济学理论的诞生总是为了对经济现实提供更有力的解释，或者为了应对即将面临的经济问题。关于资本急停的历史经验研究为我们提供了一个很好的研究框架，而其并没有很好地阐述政府在其中的作用。本书以国际金融周期为背景，基于微观视角，探讨资本管制、汇率政策对资本急停的影响机制，完善资本急停理论的发展。

（2）对资本项目管制措施的指导意义。虽然目前关于资本项目管制有效性的研究并未达成一致的观点。然而，近期有些学者认为无论汇率是否浮动，货币政策效应正在从主要的金融中心向其他地方溢出，由此提出当存在资本流动的情况下，浮动汇率并不能将经济体隔绝在全球金融周期之外。此观点质疑了"三元悖论"对当前金融全球化的适用性，提出货币政策的独立性可以在资本账户管制下实现的观点（Rey，2013）。因此，如何管制资本项目将是突破"三元悖论"的新思路，抑或将是防范资本急停发生的解决方案。

（3）对汇率政策安排的指导意义。传统防范资本急停汇率政策安排研究多从宏观视角研究宏观经济变量的关系，缺乏从微观视角的考量，而微观主体的跨境投资行为构成资本流动的宏观表象。本书基于微观视角，实证检验汇率制度以及汇率波动对跨境资本流动的影响，为我国政府循序渐进实现人民币汇率市场化提供政策依据，具有显著的政策前瞻性与战略意义。

1.2 研究方法及内容

1.2.1 研究方法

1.2.1.1 Logit 实证方法

为了实证检验推论的合理性，利用宏观数据考察资本管制在资本急停中发挥的作用，本书采用面板数据计量方法，检验资本管制对资本急停发生机制的影响。具体以 Logit 离散因变量模型对资本管制对资本急停发生机制进行检验。Logit 离散因变量模型是研究"二元响应"问题时采用的方法之一，研究资本急停议题大多数学者偏好采用这种方法（Calvo，2004）。

1.2.1.2 马尔科夫区制转换模型

采用非线性马尔科夫区制转换测算国际金融周期。马尔科夫区制转换模型多应用于不可观测的转换变量，相较于门限模型、平滑转化模型更适合测度国际金融周期。

1.2.1.3 门限模型

采用门限模型实证检验在金融周期的不同阶段，资本管制对资本流动的影响方向和程度。借鉴连玉君等（2006）的研究构建双重门限模型。首先通过最小二乘法与网格搜索法对门限模型（2）进行估计判断其是否具有门限值。其次在网格搜索的过程中，为了防止门限值过分接近取值的区间端点而使在某一区制内的样本数量过少，根据安德鲁斯等（Andrews et al.，1994）的方法将样本可行域的检索空间去掉首尾5%的数据。本书借鉴汉森（Hansen，1996）提出的"自举法"（Bootstrap）对模型进行非线性检验，重复300次。

1.2.1.4 广义矩估计

本书的第6章被解释变量为经济增长，会显著受到其滞后项的影响，考虑构建动态面板数据模型。常用的动态面板数据模型的估计方法包括：广义矩估计（GMM）和纠偏最小二乘估计（LSDVC）。由于LSDVC要求各解释变量严格外生，这对于本书模型中选择的宏观变量而言条件过于严格。因此，本书采用One-step系统GMM模型进行参数估计。

1.2.1.5 比较研究法

比较研究法，作为掌握事物质的规定性的一种研究方法，根据一定的标准，从相互关联的角度观察事物，归纳事物间的异同，进而探索事物的发展规律。本书的第4章、第5章、第6章在研究具体问题的过程中，均是以发展中经济体和发达经济体作为研究对象，研究不同经济体跨境资本流动的特征、对政策的反应方向和程度。通过对比研究结论的差异，从微观角度分析产生差异化结果的原因。

此外，本书综合应用最小二乘回归、双固定回归等实证检验方法作为基础回归及稳健性检验的方法。

1.2.2 研究内容

本书共有12章：第1章导论部分简要介绍选题背景、研究意义以及研究方法内容、创新点及不足。第2章阐述与本书内容相关的文献研究。第3章通过马尔科夫区制转换模型准确测度国际金融周期。第4章基于门限模型考察在金融周期条件下资本管制的政策效果。第5章利用Logit模型实证检验资本管制对六种资本急停的管制效果,以及在国际金融周期背景下资本管制与汇率制度对资本急停的政策效果是否产生了影响。第6章实证检验锚定美元的汇率制度对不同经济体六种资本急停产出效应产生的影响。第7章实证检验汇率波动对新兴经济体不同投资主体跨境资本流动的影响。第8章实证检验人民币汇率是否影响了新兴经济体跨境资本流动的方向。第9章在梳理资本管制政策研究的基础上,结合前面的研究结果,提出我国国际金融周期背景下资本管制方案。第10章梳理我国汇率制度安排的历史演进,并结合前面的研究结果,提出我国国际金融周期背景下汇率制度安排方案。第11章对本书的研究结论进行总结。第12章反思研究不足并提出研究展望。

1.3 特色与创新

1.3.1 研究特色

随着中国资本项目开放的进程加快,跨境资本流动成为开放宏观金融领域的重要研究领域,具有重要的现实意义与理论研究价值。而资本急停作为跨境资本流动的一种特殊形式,对经济体产生更严重的后果,对其进行深入探究具有更显著的应用价值。本书以国际金融周期为背景,探讨资本管制、汇率制度安排对跨境资本流动的影响,并从微观角度对研究结果进行解释,为各国在金融一体化背景下面临更严峻的外部风险,防范大规模跨境资本流动提供更有效的汇率制定方案,保障宏观金融的稳定。

首先,所要解决的科学问题,具有普适性和可拓展性。本书从微观视角出发,分析资本管制、汇率制度安排对跨境资本流动的影响机理,从而揭示在全球金融一体化背景下,资本管制、汇率政策对资本流动的非线性影响。为各国资本管制、汇率制度安排提供准确有效的政策建议。该科学问题具有普适性和可拓展性。

其次,理论研究与实践结合,具有前瞻性和可操作性。已有关于资本管制、汇率制度对于资本急停影响的研究并未有定论。而政府关于防范资本急停的措施仍然着眼于调控宏观经济变量，比如资本管制、宏观审慎监管、汇率波动调整等。而实际上，行为金融学理论认为微观主体的投资选择行为对政策效果产生了重要的影响。从微观主体视角出发，在国际金融周期背景下制定防范大规模资本流动的政策方案，具有重要的实践应用价值。

最后，规范分析与实证证检验相结合，具有包容性和前沿性。本书基于国际金融学理论、行为金融学理论、综合应用实证检验、对比分析方法论证国际金融周期背景下资本管制、汇率制度安排与跨境资本流动的非线性关系，并据此为不同经济体提出应对大规模资本流动的政策方案。具有理论研究的前瞻性和实践应用的可操作性。

1.3.2 研究创新

本书突破传统资本管制、汇率政策对跨境资本流动影响机制的分析思路，基于微观投资主体视角，通过构建计量经济模型实证检验资本管制、汇率制度对跨境资本流动差异化影响的机理，为各国提供准确有效的汇率制度政策方案。三个创新之处如下。

（1）角度创新。突破传统跨境资本流动分析框架，基于投资主体风险认知的差异性，探究投资主体面临资本管制、汇率波动时跨境投资的影响机制，探索从微观层面入手着眼宏观制度安排的政策建设思路。

（2）理论创新。论证国际金融周期背景下资本管制、汇率政策对跨境资本流动非线性影响机理，完善资本流动相关理论研究的同时，解释国际金融经典范式 M-F 的适用性，促进理论创新。

（3）政策创新。在风险溢出冲击背景下，从干预微观主体风险感知的视角下探讨不同类别经济体差异化的资本管制措施和汇率制度安排，为各国防范大规模资本流动冲击风险提供准确有效政策抓手的同时，为发展经济体稳步开放金融市场提供政策依据。

第2章

国内外研究的现状和趋势

根据研究主题，本章涉及以下五个方面的研究文献：资本急停、资本管制与资本流动、汇率制度与资本流动、国际金融周期与资本流动、行为金融学相关理论。

2.1 资本急停的相关研究

2.1.1 资本急停的定义

卡尔沃（Calvo，1998）、卡尔沃和莱因哈特（Calvo & Reinhart，2000）首次以资本急停的概念，来解释布雷顿森林体系崩溃后，发展中国家出现的国际资本流入在短期内大量减少的现象。他们提供了大量的以资本急停为背景的银行危机的典型事实，然而，并没有对资本急停进行严格的定义，仅仅是选择了净私人资本流动发生大逆转的那些时期。拉德莱特和萨克斯（Radelet & Sachs，1998）认为，资本急停就是资本账户逆转，并通过计算样本国临界值的方法对资本急停的概念进行了数学上的界定。受样本的限制，此临界值仅能作为衡量样本国家的参照。随后，有些学者试图将资本流动与其他经济现象相关联来界定资本急停。例如，哈奇森和诺伊（Hutchison & Noy，2002）认为，一个国家发生经常账户逆转（高于 GDP 的 3%）的同时经历了货币危机，即表明其发生了资本急停。显而易见，他们运用经常账户逆转来描述资本流动逆转。爱德华兹（Edwards，2003）将资本急停定义为：资本流入净值的减少量超过国内生产总值（GDP）的 5%，并且资本流入与资本急停发生前两年相比不超过 75%。此衡量方法被爱德华（Edward，2006、2007）的研究采用。吉多蒂、斯图尔辛格与维拉尔（Guidotti，Sturzenegger & Villar，2003b）以及吉多蒂（Guidotti，2004）将资本急停定义为与产出紧缩相关联的资本账户（经济学的定义）的逆转，即资本账户下降低于该国家样本均值两个标准差，并且超过 GDP 的 5%。蒙蒂埃尔（Montiel，2003）认为，以上界定方法过于片面，构建模型试图从供求的角度探讨阐述资本急停。但由于界定方法不便而并未被广泛采用。卡尔沃、伊斯基耶多与梅希亚（Calvo，Izquierdo & Mejia，2004）将资本急停定义为：如果私人资本流动（贸易收支减去外汇储备的变化）的变化低于该国样本均值两个标准差。此方法不仅被卡尔沃（Calvo）后来的研究一直采用，并且由于其计算简明且具有一般性被绝大多数的学者认可。例如，卡瓦洛和弗兰克尔（Eduardo & Frankel，2008）、格罗斯和齐佐拉（Gros & Cinzia，2013）、默尔和皮萨尼—费里（Merle & Pisani-Ferry，2012）。考察净资本流动并不能完全反映资本流动的状况。因此，近期学者试图从总量口径重新界定这一概念。罗斯伯格和沃尔诺克（Rothenberg & Warnock，2005）在卡尔沃、伊斯基耶多和麦尔（Calvo，Izquierdo & Mejía，2004）定义的基础上将资本外流的增加大于总资本内流的减少作为资本急停的考察前提。考恩等（Cowan et al.，2008）、卡尔德隆和库博达（Calderon & Kubota，2011）以及卡瓦洛（Cavallo，2015）将重点放在总资本流动上，区分了流入驱动型和流出驱动型。

2.1.2 资本急停发生机制

卡尔沃（Calvo，1998）首次建立模型指出基于银行破产的自我实现机制以及债务期限结构对于资本急停的发生发挥着重要的作用。随后众学者在此基础上做了大量的实证研究。代表性的文献有卡尔沃等（Calvo et al.，2004）、卡尔沃（Calvo，2008）、吉赛库（Jeasakul，2005）、布利尼和瓦格斯（Bleaney & Vargas，2009）、波尔多等（Bordo et al.，2010）。门多萨（Mendoza，2006）提出了一个抵押约束的商业循环模型，认为费希尔（Fisher）的债务通缩机制导致的资本急停与 Tobin's Q 的贬值所导致的抵押资产的价格螺旋式下降的机制是类似的。此后，门多萨（Mendoza，2010）进一步将债务通缩机制引入 DSGE 模型之中。还有一些研究从政策环境以及金融基础的角度探讨了资本急停的影响因素。贝尔托拉与德拉赞（Bertola & Drazen，1993）认为，对资本外逃的管制极有可能导致外部资本更进一步的流出。卡尔沃和韦格（Calvo & Vegh，1999）提出，锚定汇率制对起初的资本流入起到重要的作用，然而其背后的信用缺失将随后引发资本流动的大幅逆转。卡陶（Catao，2007）运用 Probit 模型指出对于资本输出的核心国家，其货币政策在资本急停中作用显著：资本输出国紧缩性的货币政策往往会导致资本输入国的资本急停。而对于金融基础对资本急停的影响有以下论述：卡巴雷若（Caballero，2000）认为，发展中国家的金融基础薄弱，若是金融自由化的步伐过急，由此带来的金融部门的不稳定性增强，将导致资本急停的发生。持相似观点的学者还有卡尔沃（Calvo，2003）、杜尔都和门多萨（Durdu & Mendoza，2006）、卡明斯基（Kaminsky，2008）。

2.1.3 资本急停的产出效应机制

资本急停是对产出造成的影响如何，学者观点莫衷一是。负面冲击的效应机制集中于凯恩斯效应机制（Calvo & Reinhart，2000）以及债务通缩机制（Calvo & Reinhart，2000）。传统一般均衡模型未能将金融摩擦纳入，而资本急停的出现为其提供了创新空间。例如，施耐德和托梅尔（Schneider & Tomell，2004）构建开放条件下一般均模型，认为非贸易品部门解释了产出和信用的易变性，货币错配以及借贷限制内生性增长，解释了资本急停对产出的负向冲击。门多萨（Mendoza，2010）构建一个包含金融摩擦的均衡资产价格模型，认为资本急停通过债务通缩机制导致产出下降。虽然大部分的研究都认为资本急停对经济体产生了负面冲击，而有些学者诸如卡尔沃和莱因哈特（Calvo & Reinhart，2000）以及卡尔沃、兹尔度和泰尔维（Calvo，Izquierdo & Talvi，2002）的研究发现，资本急停对经常项目具有显著的改善作用。此外，阿雷利亚诺和门多萨（Arellano & Mendoza，2002）通过构建小型开放经济体真实商业周期模型分析偿付能力以及偿付意愿对资本急停的影响，并得出资本急停将引起经常项目的逆转并会平滑产出下降的结论。托尔和韦斯特曼（Tornell & Westermann，2002）发现，当信贷发生紧缩时，贸易产出下降小于非贸易产出，并且资本与劳动力均从非贸易部门转向贸易部门。凯赫和鲁尔（Kehoe & Ruhl，2009）通过构建多部门增长模型，并利用墨西哥的经典案例，得出结论，多部门增长模型可以解释由资本急停引起的经常账户逆转以及实际汇率的贬值，但是不能解释GDP以及TFP的下降。伯斯坦、艾肯鲍姆和雷贝洛（Burstein，Eichenbaum & Rebelo，2005）以及门多萨（Mendoza，2005）的研究也支持此观点。更有学者认为资本急停并不会导致产出下降，相反其会通过改善一国的经常账户从而对产出产生促进作用（Chari，Kehoe & McGrattan，2005）。

2.1.4 政策选择

关于应对资本急停政策措施的探讨并不多，早期，大多学者也仅是在讨论诸如资本急停的影响因素或产出效应时对此议题一笔带过，主要从完善金融政策角度（Calvo，1998、2003；Mendoza，2006）、汇率制度选择角度（Calvo & Reinhart，2000b；Guidotti，Sturzenegger & Villar，2004）以及财政货币政策角度（Jeasakul，2005）作出探讨，缺乏完整的理论模型。随后，王文瑶等（Wen - Yao Grace Wang et al.，2012）构建了一个动态一般均衡亚洲经济体模型，指出在不同汇率制下，政策目标应该关注于不同的目标。目前以一般均衡理论作为研究基础的资本急停政策理论发展起来（Devereux，2015）。近期，国外学者更多关注于资本急停与全球经济周期的关联性（Reinhart，2016）。此外，由于中国高速的经济增长与贸易顺差带来的财富积累以及较严格的资本管制，对于资本急停是否会在中国发生以及是否会对产出造成影响,并未引起国内学者的广泛关注。少数学者也仅仅是就某一方面作出探讨。重要文献包括:范小云等(2011);陆静、罗伟卿(2012);梁权熙等(2011);徐震宇等(2007);张良(2010)等。近期,中国跨境资本流动规模上升,以及外汇储备骤减,国内学者更多地将视角转移到国际资本流动对银行稳健性的影响以及最佳外汇储备持有量上(皮天雷等,2015;杨海珍等,2014;陈奉先,2016)。

小结:从对资本急停相关研究的文献整理可以看到,首先,此理论从概念界定、发生机制、产出效应各方面已经形成了较为完整的分析框架,而对政策选择这一部分尚显凌乱。其次,全球金融周期的影响及总量口径考察资本流动是研究的发展趋势。最后,关于中国资本急停议题的探讨由于缺乏历史数据样本而并未见深入的探讨。

2.2 资本管制与资本流动

在资本管制的理论研究中,资本管制一般以征收交易税或以额度管理的形式实施,从而对投资者的资产收益产生影响。因此,当资本管制约束加紧时,必然会降低国际资本流动的规模和波动。然而,实证结果并不能很好地支持理论推测(Montiel & Reinhart,1999;Carvalho & Garcia,2008)。有一部分学者对资本管制持积极态度,这源自对智利20世纪90年代应对墨西哥风暴的良好表现(Stiglitz,1999;Fischer,1998),而越来越多的学者认为,智力之所以能够抵御重大的货币危机,是由于其有效的审慎管理措施,并不是资本管制(Edwards & Gregorio,2000)。国内学者也关注中国资本管制对资本流动的有效性问题,大部分研究并不支持资本管制有效性的观点(徐明东,2009;刘莉亚,2013;黄玲,2011;盛松成,2012)。随着对于资本管制的研究越来越注重子项总量观察,纽曼等(Neuman et al.,2009)比较了资本管制对FDI、证券投资和其他投资波动性的影响,结果发现资本项目开放对于FDI的波动性比较显著,而对于证券投资的波动性影响有限。爱德华兹（Edwards，2007）对于资本管制与资本急停的研究发现，较高的资本流动性并不必然增加资本急停的发生概率。对于资本管制与资本流动实证结果的解释并不是很清晰，有的学者认为是投资者应对资本管制的方式很多从而能有效地规避资本管制。而有的学者认为资本管制实际上是一种资源扭曲，在降低资产收益率的同时，对产出波动也有相当激烈的影响，因而想要达到的政策效果有限。还有些学者认为大部分实证研究使用国际资本净流动数据，不能反映资本总流动的差异性（刘亚莉，2013）。本书认为，资本管制的对象从表面上看是对资产收益率的影响，实际上是政府干预行为对投资主体决策行为的影响。因此，本书试图从投资主体行为的角度出发，解释资本管制对资本流动性影响的差异性。

小结：从对资本管制与资本流动的文献整理可以看到，首先，目前资本管制对资本流动的有效性仍然是一个极具争议的问题，仍具备研究价值。其次，对于资本管制对资本流动的影响分析已经从资本项目转向对于资本项目各子项总流量口径的考察，这也表明跨境资本流动的研究趋势。最后，关于资本急停与资本管制的深入研究鲜见。

2.3 汇率制度与资本流动

关于何种汇率制度对外部冲击具有缓和作用，一直有两种截然不同的观点。一部分学者认为，在浮动汇率制度下，汇率会随市场供求的变化而发生波动，从而资本项目起到调节作用。根据"三元悖论"，实行浮动汇率制度的国家能实行独立有效的货币政策，对本国经济进行调节，因此浮动汇率制度更能缓和外部冲击（Eichengreen et al.，1998）。艾森曼等（Aiizenman et al.，2016）的实证研究表明，虽然金融危机过后发展中国家和发达国家之间的利率相关性提高了，但浮动汇率仍然能有效减少这种相关性。克莱因和香博（Klein & Shambaugh，2015）的研究结果表明，浮动汇率制度能显著缓解资本流动的压力。奥布斯特费尔德等（Obstfeld et al.，2017）的研究结果表明,浮动汇率能够减弱金融冲击对于国内信贷增长、资产价格和金融部门杠杆率的影响。另一部分学者则认为,虽然浮动汇率制度存在以上优势,但与固定汇率制度相比,其汇率传递时滞相对较短(刘思跃和叶苹,2011),因此,国际市场的波动也会更快地传递到国内,进而影响该国的经济发展与稳定。而在固定汇率制度下,汇率在较小范围内波动,政策的不确定性相对较小,有利于国际借贷的开展。艾肯格林等(Eichengreen et al.,1996)通过对1967~1992年22个样本国家发生的投机攻击进行分析,得出结论认为固定汇率在稳定投机资本冲击方面胜于浮动汇率。卡瓦洛(Cavallo,2001)认为,对于经济发展水平相对较低的拉丁美洲国家来说,由于其存在部分美元化、不完全的信贷市场、脆弱的金融体系等因素,为了更好地抵御外部货币冲击,应该选择固定汇率制度。崔小勇等(2016)认为,固定汇率制度和中间汇率制度比浮动汇率制度在促进贸易、增加国民收入上的效果更好。而路继业(2015)则认为,中国的政策制定者可将固定汇率体制作为一种临时性的政策选择。资本急停作为跨境资本流动的特殊表现形式(Calvo,1998;Calvo & Reinhart,2000)对经济体产生负向冲击(Cavallo,2013)。关于哪种汇率制度对防范资本急停有更好的表现这一议题也存在差异化的研究结论:莫格德和维斯普若尼(Magud & Vesperoni,2015)对1969~2012年179个国家发生的资本急停进行分析,发现汇率制度弹性越大的国家信贷波动越小。然而汇率制度弹性并不能使一个经济体免于信贷逆转,是因为汇率制度弹性更大的经济体即使在信贷繁荣时期信贷增长依然缓慢。卡尔沃等(Calvo et al.,2004)指出,实际有效汇率的波动往往伴随着资本急停的发生,在扩大样本之后得出同样的结论(Calvo,2008)。然而,发展中经济体固定汇率的优势就在于可以影响微观投资者预期。稳定的汇率制度是更能改善资本急停问题的方法(Calvo & Reinhart,2000)。特别是发展中经济体企业与金融机构对汇率风险的抵抗能力有限,相对稳定的汇率制度可以降低微观主体对该国汇率波动风险的不确定预期,从而减少大规模跨境投资活动(梁锶和杜思雨,2020)。也有学者从不同政策组合出发提出防范资本急停的方案,指出在浮动汇率制下,政策目标应该关注于国内货币的高增长率，高的准备金要求以及国内货币供给的支持；而在固定汇率制下，政策目标应该融合于低的准备金要求以及高的国内货币供给（Wen–Yao Grace Wang，2013）。

小结：第一，关于汇率固定还是浮动对资本急停的影响研究尚未有定论。大部分学者认可汇率浮动在缓解信贷波动方面发挥的积极作用，而汇率固定在影响投资者预期方面表现更佳。没有一种汇率政策安排适合所有国家以及一个国家的任何时期（Frankel，1999），因此，当前美国无限量化宽松货币政策使各国面临更严峻的外部风险冲击，对此学术争论的重新审视，对汇率市场化进程加快的中国意义重大。第二，由于在资本流动冲击的研究中，汇率政策安排常被作为外生政策变量，因此关于汇率政策对资本流动影响的实证研究大多集中于汇率政策安排的核心维度汇率波动对资本流动的单向线性关系，往往忽略变量间的非线性关系。因此，在此议题的研究中应考虑汇率波动与资本流动的非线性作用关系。

2.4 国际金融周期与资本流动

传统研究将经常项目余额作为衡量外部风险敞口的指标，然而金融危机之后，学者发现仅从 CA 项观察并不能客观反映跨境资本流动的规模和潜在的风险，因此从总量口径研究跨境资本流动更具有政策价值。而关于总资本流动的原因，大部分研究将其归结于拉动因素与推动因素（Fernandez–Arias，1996），而后续的研究发现全球投资者风险感知的变化是驱动总资本流动的重要因素，且对发展中国家影响更加显著，并与极端资本流动联系紧密（Forbes & Warnock，2012）。布鲁诺和辛（Bruno & Shin，2013a）强调资本的流入与全球风险感知指数（VIX）的低值相关。雷伊（Rey，2015）对全球 52 个国家的金融活动进行了系统性考察发现资本流入与流出遵循全球风险感知的运行规律。已有研究表明，国际金融周期也是引起资本急停的重要原因（梁锶和杜思雨，2020）。因此，在国际金融周期背景下探讨资本流动的问题尚存在政策研究空间。

小结：第一，可以发现从微观角度来考察资本流动的原因能更好地解释资本流动领域的总口径研究趋势。第二，由于微观主体的跨境投资行为形成了跨境投资的数据表现，从而可以更加客观地认知资本流动的形成原因。而在全球金融一体化的背景下，需要考虑有国际金融周期影响下应对资本流动的政策效果。

2.5 行为金融学理论相关研究

本书对于资本管制、汇率政策对资本流动非线性影响的微观解释主要基于行为金融学的期望理论。期望理论是最早的风险决策理论，其认为人们会计算出每个选项期望价值，并选择出最高的选项。伯努利（Bernoulli，1954）在此基础上进一步提出期望效用的概念以其来描述特定财富对人们的主观价值。诺伊曼和摩根斯顿（Neumann & Morgenstern，1947）在期望效用概念的基础上提出了期望效用理论。此理论在很长一段时间里都占据着统治地位。而费希尔和拉曼（Fisher & Raman，1996）通过实验发现时尚服装制造厂经理在作补货决策时往往订货数量低于最优订货数量，决策者的订货策略往往偏离利润最大化原则。显然期望理论无法解释这种偏好反转现象，而卡尼曼和特沃斯基（Kahneman & Tversky，1979）提出的预期理论在很大程度上可以对现象进行很好的解释。与期望效用理论不同，预期理论中的价值函数将一个选择的价值预期根据参照点划分为收益或损失，参照点通常是现状或目标，这种现象一般被称为参照依赖。一方面其指出对于同等数量的收益和损失而言，损失给人的主观感受更强烈，这一现象被称为风险规避；另一方面决策者往往在一些特定的环境下又表现出风险寻求的倾向。近十几年来，随着以功能性核磁共振成像的脑成像技术的成熟与普及，研究者们也从神经机制的层面进行研究并取得了与理论预期相一致的结果。预期理论的发展为对一些以往的规范性理论无法解释的现象给出了比较合理的解释

(Trepel et al., 2005), 也突破了传统经济学理论框架, 开创了行为经济学、实验经济学等交叉学科的新领域, 卡尼曼 (Kahneman) 也因此获得了 2002 年诺贝尔经济学奖。例如, 大量的研究基于卡纳曼和特沃斯基 (Kahneman & Tversky, 1979) 构建的"报童模型"进行扩展, 关注于企业库存相关问题, 与此相关的研究不胜枚举。又例如巴韦里斯、黄和桑托斯 (Barberis, Huang & Santos, 2001) 基于特沃斯基 (Tversky, 1992) 的关于损失规避的假设, 修正了资本资产定价模型, 促进了行为金融学的发展。

小结: 从对预期理论发展的梳理可以看到, 预期理论已经从神经机制层面验证了预期对于风险决策的影响, 此理论在经济学中的应用还存在很大的挖掘空间, 基于风险决策预期理论研究跨境资本流动问题或将带来理论创新。

2.6 理论发展动态及存在的扩展空间

已有的研究成果为我们开展跨境资本流动的政策研究提供了良好研究基础, 但尚存扩展和丰富的空间。国内外学者对于资本流动以及政策课题的研究起源于对资本流动特征本身的观察, 即从宏观现象探索宏观经济运行机制的思路展开研究, 因此, 更多关注政策变量对资本流动的线性影响, 研究结论在解释现实经济或为政府作出政策建议时总是差强人意, 这表明宏观经济学越来越需要微观理论的支撑 (Krugman, 2000)。实质上跨境资本流动是微观主体动态投资决策的表现, 考察资本项目内部微观结构, 才能更理性地解读资本异常波动的表象, 为政府提供更准确的政策干预手段, 基于微观视角理论考察资本流动议题或将带来理论突破。此外, 越来越多的学者观察到国际金融周期与资本异常流动存在显著的关联性 (Comelli, 2015; Reinhart, 2016), 具体表现为大部分的资本激增都伴随着全球经济繁荣, 而大部分的资本急停都伴随着全球经济疲软, 因此, 在考虑微观主体动态投资决策对资本异常流动的影响时, 全球金融的运行规律和周期性波动也是不容忽视的因素。因此，本书试图在全球金融周期背景下，基于行为金融学微观视角解释资本管制和汇率政策对资本流动的非线性影响机理，完善资本流动理论的同时，也给各国尤其是发展中经济体开放金融市场提供防范大规模资本流动的政策方案。

第3章

国际金融周期的准确测度

本章通过建立马尔科夫区制转换模型准确测度国际金融周期,并通过考察中国货币政策与国际金融周期的协同性来研判"二元悖论"对中国的适用性。研究结果表明,以 VIX 来衡量的国际金融周期存在显著的双区制特征,且在高区制受到美国货币政策的影响显著。当前,国际金融周期正处于高区制时期,意味着各国容易受到美国货币政策的影响。中国货币政策存在显著的"自维性"特征,在高利率区制显著受到国际金融周期的影响,因此"二元悖论"具有一定的解释力,而在低利率区制受到国际金融周期的影响并不显著,这暗含着在低利率区制中国货币政策具有较大的操作空间。

3.1 关于"三元悖论"还是"二元悖论"的探讨

"三元悖论"是国际金融学领域的重要理论,最早由蒙代尔(Mundell,1961)发现,随后克鲁格曼(Krugman,1998)将其凝练总结用来解释1997年东南亚金融危机爆发的机理,从而奠定了这一理论在国际金融领域的重要地位。奥布斯特费尔德和罗格夫(Obstfeld & Rogoff, 1995)构建的新开放宏观经济模型基本维持此理论。而雷伊(Rey, 2015)发表的一系列文章提出在国际金融周期的背景下,"三元悖论"对现实的解释力将受到挑战,原因在于核心国家政策会影响全球金融周期的波动，浮动汇率并不能缓解由资本流动带来的冲击压力，而各个国家只能在"货币政策独立"与"资本项目开放"这"两难困境"中作出选择。其立论的根基在于用 VIX 指数来衡量"全球金融周期"，并指出各国无论实行何种汇率制度，资本流动、资产价格和国内信贷增长都与全球性因素高度相关。但这一系列的研究并未针对特定国家的适用性进行细致的考察，也未曾考察全球金融周期与一国金融变量之间非线性关系。因此，本章通过建立马尔科夫区制转换模型来准确测度"国际金融周期"，并考察中国货币政策与国际金融周期的区制协同性，从而研判"二元悖论"对中国的适用性。此研究将为中国保持独立的货币政策、缓冲国际资本流动冲击提供有效的政策支持。

大多数的研究支持"三元悖论"的适用性，也就是说，如果有资本流动，很可能只要实施浮动汇率制，货币政策就是独立的。换言之，实施浮动汇率可以保障货币政策的独立性（Obstfeld & Taylor, 2004）。香博（Shambaugh, 2004）通过汇率制度、资本管制程度此两维度对样本国家进行细分，观察子样本国家与基准国家短期利率的变动关系，得出支持"三元悖论"成立的结论。随后，克莱因和香博（Klein & Shambaugh, 2013）在此基础上对样本国家做出更加细致的分类，得到的研究结论仍然支持"三元悖论"的成立。而有些学者的研究对"三元悖论"的适用性持质疑态度，主要观点集中于浮动汇率并不能保障货币政策独立性。例如，福斯巴克和奥克塞尔海姆（Forssback & Oxelheim, 2006）与弗兰克尔等（Frankel et al., 2004）认为，实施浮动汇率制或固定汇率制的国家，其货币政策独立性的差异并不显著。豪斯曼等（Hausmann et al., 1999）甚至发现一些实行固定汇率制度的国家，其货币政策独立性还强于实行浮动汇率制的国家。而国内学者对"三元悖论"在中国解释力的研究也不胜枚举，但也未得到一致的研究结论。大部分学者的研究结论支持"三元悖论"适用于中国（王珊珊和黄梅波，2014；汪洋，2005；陈智君，2008），而少部分学者认为"三元悖论"在中国并不完全成立。龚刚和高坚（2007）认为，由于中国经济的转型和发展中国家的特点，当资本市场开放且汇率固定时，货币政策的独立性仍然可以维持。黄飞鸣（2009）通过构建贷款准备金政策框架模型可以部分地实现资本自由流动、汇率稳定及货币政策独立同时成立。胡再勇（2010）实证检验了汇率改革前后我国汇率弹性、资本流动性以及货币政策自主性的变化，研究结果表明"三元悖论"在我国并不完全成立。

而 2008 年金融危机之后，宏观主流经济学重新开始关注金融周期的作用，并且发现金融周期越来越呈现全球化特征（张晓晶和王宇，2016），且核心国货币政策与全球金融周期紧密相关（Bekaert et al.，2012；Agrippino & Rey，2012）。全球金融周期可通过数量和价格渠道影响金融开放程度较高的新兴经济体乃至全球的金融环境，其中最重要的数量溢出渠道是资金流运动。卡尔沃等（Calvo et al.，1996）论证影响跨国资本流动的国际因素具有重要的周期因素，会增强资本流动的波动性。福布斯和沃诺克（Forbes & Warnock，2012）、布鲁诺和申（Bruno & Shin，2013a）强调资本的流入与全球避险情绪指数（VIX）的低值相关。雷伊（Rey，2015）分地区对全球 52 个国家的金融活动进行了系统性考察，发现样本国家和地区在 1990 年一季度至 2012 年四季度期间资本流动呈现出一致性运动特征，资本流入与流出遵循全球金融周期规律，并且此周期与 VIX 指数同步。同时，各国信贷杠杆与资产价格波动变化具有较强的相关性，且均可以用 VIX 指数来进行解释。因此，雷伊（Rey，2015）提出重要观点，在国际金融周期背景下，一国政府将面临更加严峻的考验，即，在"货币政策独立"和"资本项目开放"中只能"二选一"，从而质疑"三元悖论"的适用性。此发现引起国内学者的广泛关注。范小云等（2015）认为，"三元悖论"和"二元悖论"争论的焦点在于更加浮动的汇率制度是否会增强货币政策的独立性。通过二次项模型和门限模型发现随着汇率制度的更大浮动，货币政策的独立性先增强后减弱。伍戈等（2016）将全球避险情绪纳入蒙代尔-弗莱明模型，论证 VIX 指数上升可能削弱国内扩张性货币政策的效果。当全球避险情绪导致的风险溢价影响超过国内货币扩张程度时，货币政策可能完全失效。魏英辉等（2018）基于 2005～2015 年 20 个新兴经济体的面板数据利用 GMM 考察全球金融周期对货币政策独立性的影响。研究结果表明，国际金融周期显著影响一国货币政策的独立性，从而验证了"二元悖论"对新兴经济体的适用性。

基于已有的研究可以发现以下研究空间：（1）关于"二元悖论"还是"三元悖论"尚未有定论，且未有以中国为研究对象的深入研究。（2）已有文献并未从全球避险情绪——VIX 指数的视角出发深入探讨"二元悖论"适用性的议题。"二元悖论"的核心基于以全球避险情绪指数（VIX）作为国际金融周期的代理指标，且该指标与各国金融变量产生重要的协同关系，从而使一国在开放资本项目的情况下，即便采取浮动汇率也难以平滑跨境资本流动，从而不得采取干预外汇市场的货币政策。因此，若从准确测度国际金融周期的视角出发来论证"二元悖论"适用性或许将得到更加可靠的结论。

因此，本章在前人研究的基础上，基于国际金融周期准确测度，研判"二元悖论"对中国的适用性。选取 1990~2017 年月度数据，利用马尔科夫区制转换模型，考察国际金融周期的区制特征，并在此基础上考察国际金融周期与中国货币政策的协同性，从而研判在国际金融周期不同区制，中国面临"政策困局"的差异性。这不仅从新的研究视角检验"二元悖论"的适用性，也对中国保持独立的货币政策的同时逐步开放资本项目提供有价值的政策指导。

3.2 国际金融周期的测度

3.2.1 国际金融周期的指标观察

阿格里皮努斯和雷伊（Agrippino & Rey，2014）运用 858 项来自五个大洲的不同风险资产进行分析时发现，这些风险资产回报率方差有 25% 可以用一个名为全球因子的变量来进行解释，而这个全球因子与 VIX 指数存在着高度相关关系。随后很多学者开始关注 VIX 指数并利用该指数来指代国际金融周期（魏英辉等，2018）。为了考察"二元悖论"对中国议题的适用性，我们从"二元悖论"立论的根基——VIX 指数出发，来观察国际金融周期的波动特征。数据区间为 1990~2017 年，数据来源于芝加哥期权交易网站。

我们利用 H-P 滤波方法分离出 VIX 的周期成分与趋势成分。从图 3-1 可以观察到，首先，VIX 呈现显著的平滑波动趋势，符合朱格拉周期特征；其次，样本研究期间有两个波动浮动较大的时期，分别是 1997~2003 年以及 2007~2012 年，此两个时段是金融危机集中爆发的时期，表明国际投资恐慌情绪在此段时期内波动剧烈，符合经济现实。而在 2002~2007 年 VIX 持续位于低位，波动幅度较小，表明国际投资情绪乐观，这一数据表现仍然符合经济现实。因此与已有的研究结果一致（Rey，2015），我们也认为 VIX 指数在很大程度上反映了国际金融周期性变动规律。

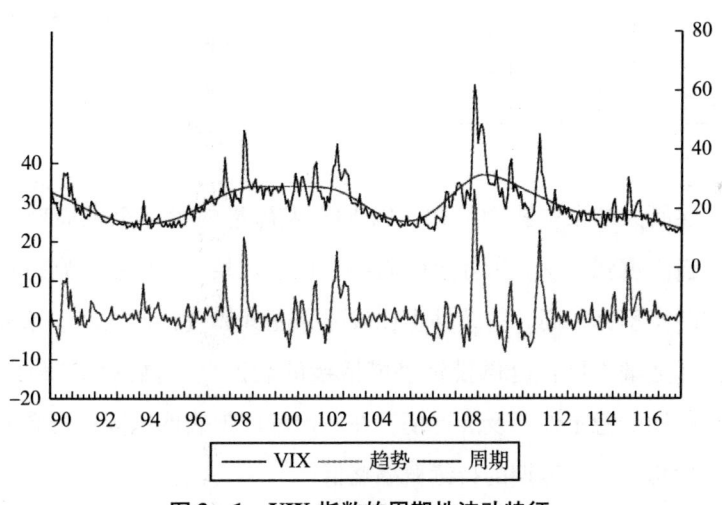

图 3-1 VIX 指数的周期性波动特征

3.2.2 国际金融周期的双区制特征

自汉密尔顿（Hamilton，1989）提出并运用两状态四阶滞后的马尔科夫区制转换模型研究了美国 1953~1984 年经济周期波动的非对称性和非线性动态特征之后，此模型就被广泛地应用于经济周期和金融实践序列研究中。从方法的适用性上讲，马尔科夫区制转换模型多应用于不可观测的转换变量，相较于门限模型、平滑转化模型更适合测度全球金融周期。我们利用此模型来检验国际金融周期的双区制特征。为了消除变量的长期趋势，我们对VIX进行对数化处理。

从表3-1的国际金融周期区制转换概率矩阵可以看到，国际金融周期的区制1（低区制）和区制2（高区制）的概率都很高，均达到95%以上，而区制1（低区制）比区制2（高区制）的概率还要高出1%。这表明此两区制均具有"自维持"的特征，且区制1（低区制）的自维性比区制2（高区制）的自维性更高。

表3-1　　　　　　　　国际金融周期的区制转换概率矩阵

项目	区制1（低区制）	区制2（高区制）
区制1（低区制）	0.9788	0.0212
区制2（高区制）	0.0392	0.9608

从上述研究结果中我们可知，以VIX来衡量的国际金融周期，双区制稳定性较强。也就是说，国际金融周期一旦进入某一个区制，则持续维持在这一区制的概率比较高，持续性也比较强，尤其体现在低区制。这表明VIX衡量的国际金融周期在全球投资恐慌情绪的衰退期与高涨期，稳定性均很高，而高涨期的稳定性不及衰退期，在一定程度上表明国际投资者的高恐慌情绪持续性相较于衰退期的持续概率略低。

从国际金融周期马尔科夫区制的滤波概率和平滑概率（见图3-2）我们可以看到，国际金融周期存在明显的双区制转换特征。雷伊（Rey，2015）利用VAR模型论证全球金融周期的决定因素是核心国家的货币政策，但显然这一研究结果仅仅表明二者的线性关系。而我们的研究表明，国际金融周期存在明显的双区制特征，可能在不同区制内，核心国家的货币政策对国际金融周期会产生差异性的影响。因此，我们继续利用马尔科夫区制转换模型来分区制检验美国货币政策对国际金融周期产生的影响。

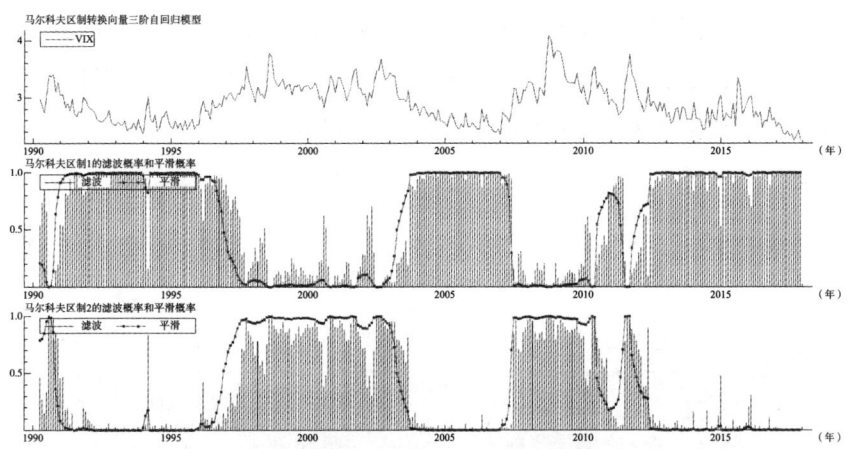

图 3-2　国际金融周期马尔科夫双区制的滤波概率和平滑概率

3.3　美国货币政策对国际金融周期的影响

为检验美国货币政策对国际金融周期的影响，我们将美国联邦储备利率纳入其中，构建国际金融周期马尔科夫区制转换模型。美国联邦储备利率数据来源于 Wind 数据库。图 3-3 描述了考虑美国货币政策因素的国际金融周期马尔科夫双区制的滤波概率和平滑概率。

通过观察图 3-3 纳入美国货币政策国际金融周期马尔科夫双区制的滤波概率和平滑概率，我们可以发现：首先，在大部分时期内，VIX 处于区制 1（低区制），而在某些时段内处于区制 2（高区制），例如，1991 年、1994 年、1996～1998 年、2001～2004 年、2007～2009 年、2014～2016 年、可以发现这些时间段大部分都是危机爆发的时期，例如，1991 年互联网泡沫、1994 年墨西哥金融危机、1996～1998 年亚洲危机、2001～2003 年印度尼西亚金融危机、2007～2009 年美国次贷危机。我们的观察与艾格匹诺和雷伊

（Agrippino & Rey，2014）关于 VIX 的高涨期与危机关联性的研究结论一致。而 2013~2016 年，全球虽然并未发生严重的金融危机，而美元进入新一轮的加息周期，而大量研究表明，美国的加息周期与发展中国家金融危机相关，因此我们推断国际金融周期的区制 2（高区制）与美国加息周期联系紧密。根据赤池信息准则（AIC）和贝叶斯信息准则（BIC），我们选择三阶自回归来体现美国货币政策对国际金融周期的影响。

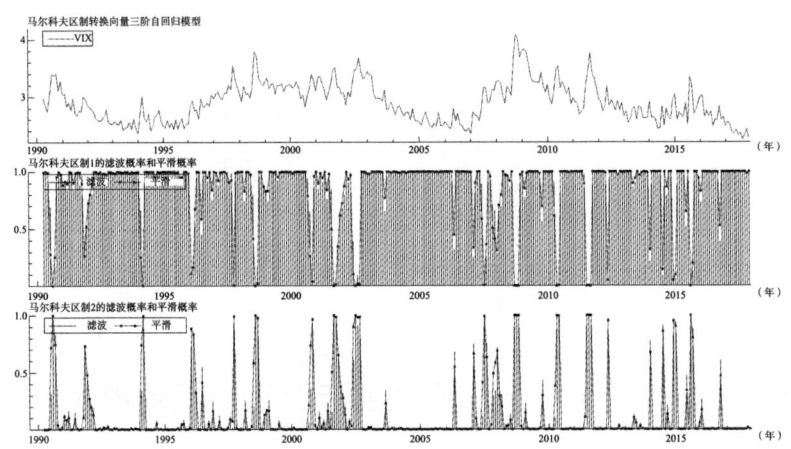

图 3-3 国际金融周期马尔科夫双区制的滤波概率和平滑概率（纳入美国货币政策）

从表 3-2 模型估计结果可以看到，国际金融周期在区制 1（低区制），主要受到其自身滞后一期、滞后二期以及滞后三期的影响，而美国联邦储备利率对它产生的影响并不显著，而国际金融周期在区制 2（高区制），除受到滞后一期和滞后二期的影响以外，还受到美国联邦储备利率的影响，且影响结果十分显著，此检验结果验证了文章的推断，即，美国货币政策对国际金融周期存在显著的影响，而在国际金融周期的不同区制，美国货币政策对国际金融周期的影响是存在显著差异的。具体而言，国际金融周期在区制 1（低区制），其主要受到自身的影响，受到美国货币政策的影响有限；而在国际金融周期区制 2（高区制），其受到自身滞后期的影响并不显著，却显著受到美国货币政策的影响。这表明国际金融周期的区制 1（低区制）存在显著的自律性特征，而区制2（高区制）主要受到美国货币政策的影响。

表3-2　　　　　　国际金融周期区制转换模型估计结果
（纳入美国货币政策因素）

项目	区制1（低区制）			区制2（高区制）		
	估计系数	标准差	t值	估计系数	标准差	t值
截距项	0.2980	0.0779	3.8232	0.4803	0.2903	1.6545
VIX_1	0.4485	0.0568	7.8984	0.4643	0.1022	4.5410
VIX_2	0.2114	0.0580	3.6423	0.4282	0.1442	2.9687
VIX_3	0.2105	0.0458	4.6020	0.0619	0.1490	0.4152
r	0.5963	0.8411	0.7090	-4.3551	1.7262	-2.5230
r_usa_1	-0.0713	1.2355	-0.0577	6.4159	2.9549	2.1712
r_usa_2	-1.5258	1.1823	-1.2905	10.7557	3.3195	3.2402
r_usa_3	1.1034	0.6601	1.6716	-12.8969	2.4746	-5.2116
标准差	0.12049			0.12049		

再观察区制2（高区制）美国联邦储备利率对VIX的影响方向及程度可以发现，VIX显著受到美国联邦储备利率当期的负向影响，影响系数为-4.3551，而美国联邦储备利率滞后2期及滞后3期对VIX的影响为正向效应，系数分别为6.4159、10.7557，这表明美国加息可能会对全球避险情绪产生滞后的正向强化的作用。

这一研究结果表明，美国的货币政策将显著影响国际恐慌情绪的高涨周期，表现为美元加息将会对全球金融周期产生滞后的正向效应。因此，发展中国家应高度警惕国际恐慌情绪高涨期美国加息政策对全球波动的影响。而自2014年以来，国际金融周期处于区制2（高区制），表明国际金融周期容易受到核心国货币政策的影响，而美国又进入加息周期将会对全球金融周期产生滞后的正向影响。因此，各国应加强宏观审慎管理，防范异常跨境资本流动对经济稳定性的冲击，维持货币政策独立。

3.4 中国货币政策与国际金融周期的协同性

如文献综述中所述,雷伊(Rey,2015)指出,不管一国实行何种汇率制度,其资本流动、资产价格和国内信贷增长都与全球性因素高度相关,浮动汇率并不能隔绝国际金融周期的影响,央行为了防范大规模资本流动从而干预外汇市场,货币政策因此失去独立性。但文章并未详尽论证此理论对不同国家的适用性。

贝卡尔特等(Bekaert et al.,2012)认为,各国实际利率与作为国际金融周期表征的全球避险情绪有很强的相关性,但也仅仅表明二者的线性关系,因此,为研判中国货币政策在国际金融周期不同区制受到国际金融周期影响的差异性,我们继续采用马尔科夫区制转换模型来考察中国货币政策与国际金融周期的协同性。

3.4.1 国际金融周期与中国货币政策的协同性观察

首先,我们观察 VIX 与中国银行同业拆借利率的关联特征(见图 3-4)。中国银行同业拆借利率数据来源于 Wind 数据库。从图 3-4 中我们可以看到,在考察期间内,VIX 指标与银行同业拆借利率在大多数时间段内呈现出逆向变动关联。具体而言,VIX 的低值与高利率,也就是货币政策紧缩相关;而 VIX 的高值与低利率,也就是货币政策扩张相关。仅在少数时间段内呈现同向变动关系。例如 2007~2009 年与 2011~2014 年,VIX 上升的同时货币政策紧缩,VIX 下降的同时货币政策扩张。而这两个时间段分别为 2008 年次贷危机及 2011 年欧债危机爆发时期,说明在金融危机时期与经济平稳时期国际金融周期与中国货币政策的协同性具有差异性。

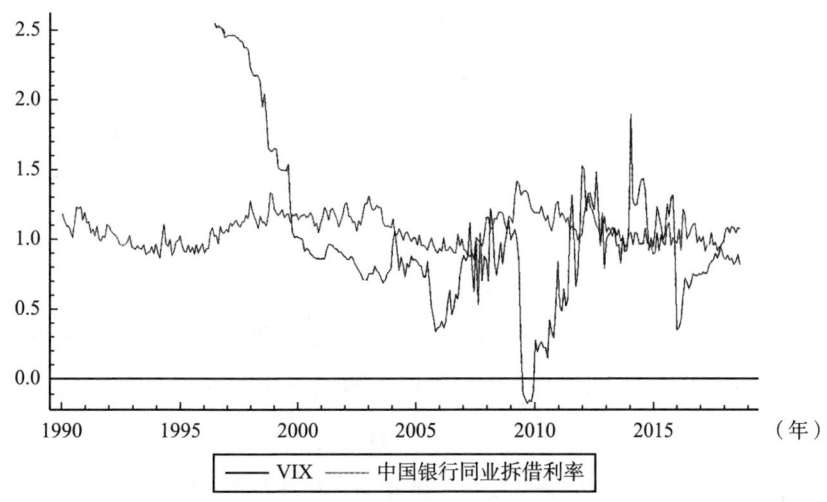

图3-4 VIX指标与中国银行同业拆借利率的协同性特征

3.4.2 协同性检验与结果分析

为了实证检验中国货币政策与国际金融周期的协同性，我们分别构建纳入VIX因素的中国货币政策马尔科夫区制转换模型、纳入中国货币政策因素的国际金融周期马尔科夫区制转换模型。根据赤池信息准则（AIC）和贝叶斯信息准则（BIC），我们选择三阶自回归来体现中国货币政策对国际金融周期的影响，以及国际金融周期对中国货币政策的影响。

从表3-3可以看到，中国货币政策以及国际金融周期的区制1和区制2都具有"自维持"的特征，也就是说二变量一旦进入某一区制，则持续维持在这一区制的概率比较高，持续性比较强。这表明二者的协同性特征有限。与前面单独对国际金融周期的检验结果一致，纳入中国货币政策影响的国际金融周期无论在区制1（低区制）还是区制2（高区制）"自维持"特征十分显著，表明具有良好的稳定性。而中国货币政策从区制2（低区制）转换到区制1（高区制）的概率要高于从区制1（高区制）转换到区制2（低区制）的概率，这在一定程度上表明中国货币政策在扩张区制的稳定性比紧缩区制更强。

表 3-3　　　国际金融周期与中国货币政策区制转换概率矩阵

项目	国际金融周期的区制转换概率		中国货币政策的区制转换概率	
	区制1：低区制	区制1：高区制	区制1：高区制	区制2：低区制
区制1	0.9735	0.0265	0.8062	0.1938
区制2	0.0370	0.9630	0.0533	0.9467

　　从表 3-4 纳入中国货币政策因素国际金融周期的马尔科夫区制转换模型的估计结果可以看出，国际金融周期在两区制中仅受到自身滞后期的影响，中国货币政策对 VIX 的影响均不显著。这表明中国货币政策对国际金融周期的影响有限，这也符合发展中国家对国际金融影响较小的现实。

表 3-4　　　国际金融周期区制转换模型估计结果
（纳入中国货币政策因素）

项目	区制1：低区制			区制2：高区制		
	Coef	StdError	t-val	Coef	StdError	t-val
Const(Reg.1)	0.6195	0.1745	3.5501	1.2971	0.2803	4.6282
VIX_1	0.3159	0.0852	3.7065	0.8782	0.1174	7.4832
VIX_2	0.2338	0.0841	2.7790	-0.2957	0.1611	-1.8354
VIX_3	0.1989	0.0817	2.4345	0.0253	0.1104	0.2293
r_china	0.0289	0.0280	1.0342	-0.0453	0.0467	-0.9711
r_china_1	-0.0262	0.0320	-0.8174	-0.0372	0.0669	-0.5563
r_china_2	0.0069	0.0317	0.2186	0.0558	0.0615	0.9062
r_china_3	0.0060	0.0260	0.2321	0.0175	0.0407	0.4295
标准差	0.15604			0.15604		

　　从表 3-5 纳入国际金融周期因素中国货币政策的马尔科夫区制转换模型估计结果来看，无论在高区制还是低区制，中国货币政策显著受到自身滞后期的影响。然而两个区制受到 VIX 的影响却存在显著的差异。具体表现

为，在高区制中国货币政策显著受到 VIX 滞后二期以及滞后三期的影响，在低区制中国货币政策受到国际金融周期的影响均不显著。这一研究结果在一定程度上表明，在国际金融周期背景下中国货币政策在高区制受到国际金融周期的影响显著，"二元悖论"具有一定的解释力。而在低利率区制货币政策仍然具有较大的操作空间，"二元悖论"对中国议题的适用性有待进一步研究。

表 3-5　　　　　中国货币政策区制转换模型估计结果

（纳入国际金融周期因素）

项目	区制 1：高区制			区制 2：低区制		
	估计系数	标准差	t 值	估计系数	标准差	t 值
Const(Reg. 1)	0.1256	0.6821	0.1842	0.5298	0.2486	2.1312
r_china_1	0.2230	0.0786	2.8364	1.3373	0.0948	14.1043
r_china_2	0.1932	0.0780	2.4781	-0.6680	0.1534	-4.3537
r_china_3	0.3513	0.0726	4.8406	0.3034	0.0975	3.1098
VIX	-0.5298	0.3189	-1.6614	0.1368	0.1574	0.8690
VIX_1	-0.1405	0.3918	-0.3587	-0.1996	0.1900	-1.0504
VIX_2	1.6974	0.5100	3.3280	-0.2309	0.1915	-1.2058
VIX_3	-0.8756	0.3500	-2.5019	0.1430	0.1610	0.8881
标准差	0.36899			0.36899		

3.5　结论与建议

本章利用马尔科夫区制转换模型准确测度国际金融周期，并考虑中国货币政策与国际金融周期的协同性，进而检验"二元悖论"对中国的适用性。研究结果表明：(1) 以 VIX 来衡量的国际金融周期存在显著的周期性波动特征，且在两个区制内均具有较强的稳定性，而在高区制受到美国货币政策的影响显著，具体表现为美国加息将会对全球避险情绪产生滞后的正向强化的作用。（2）中国货币政策存在显著的"自维性"特征，在高利率区制受到国际金融周期的影响显著，而在低利率区制受国际金融周期的影响有限。本章研究结论对于发展中国家而言，尤其是面临金融开放风险的中国具有重要的现实意义。

首先，在全球化背景下，由于国际金融周期的客观存在性和"自维性"的特征，政府在采取各种政策措施时，应紧密联系国际金融周期的波动特点，在国际金融周期的不同阶段实施差异化的政策措施。而在不同的阶段采取怎样的差异化政策是作者今后的研究方向。

其次，由于国际金融周期高区制受到美国货币政策的影响显著，作为发展中国家，需警惕美国加息政策对全球金融周期的影响。2013～2017年美国进入加息周期，同时国际金融周期进入高区制，表明在这段时期各国经济受到外部冲击的影响较强，因此各国应密切关注国际金融局势，加强宏观审慎措施，防范由外部冲击带来的金融风险。

最后，中国货币政策"自维性"特征显著，在高利率区制受到VIX的冲击较显著，而在低利率区制受到VIX的冲击有限。因此，我们在一定程度上质疑"二元悖论"对中国议题的适用性。具体表现为在高利率区制，"二元悖论"对中国具有一定的解释力，为保持较独立的货币政策，政策当局应实施严格的资本管制措施，防范大规模资本流动对国内经济的冲击。而在低利率区制，由于其"自维性"特征明显，受到美国货币政策的影响也并不显著，因此"二元悖论"对中国议题的适用性并不强，说明在低利率区制，中国货币政策在适度放松的汇率政策条件下仍然具有较大的操作空间。

第4章

金融周期条件下资本管制有效性的再检验

资本流动实际上是投资者跨境投资行为的宏观表象。本章基于预期理论提出假设：在金融周期波动的条件下，由于投资者预期收益的不同将导致投资决策在金融周期的不同阶段呈现差异性，进而导致资本管制对资本流动的影响存在非线性的特点。选取1990~2015年19个国家的面板数据利用门限模型检验了假设的合理性：在金融高涨期以及金融衰退期，资本管制的效果不及金融平稳期。相比较发达国家，发展中国家的管制效果受到金融周期的影响更强。因此在金融高涨期以及衰退期，除了应加大资本管制的力度以外，应结合运用宏观审慎管理措施并对投资者预期进行干预。

4.1 资本管制对跨境资本流动有效性的讨论

自1971年布雷顿森林体系崩溃，国际资本流动活跃，由资本异常流动引发的危机以相似的脚本接连"上演"。众学者试图从经济现实出发探索跨境资本流动的机制及应对策略，为各国防范资本流动危机提供政策指引。资本管制是一国面临资本流动冲击时惯常采用的应对方法，而其对跨境资本流动是否有效这一议题并未达成一致的观点（余永定等，2012）。一般而言，资本管制以征收交易税或以额度管理的形式实施，以此对投资者的资产收益产生影响，进而达到限制投资行为的目的。因此，从理论上说，当资本管制约束加紧时，必然会降低国际资本流动的规模和波动。然而，大部分的实证研究结果并不能很好地支持理论推测（Montiel et al.，1999；Garcia et al.，1998）。也有一部分学者对资本管制持积极态度，这源自智利20世纪90年代应对墨西哥风暴的良好表现（Stiglitz，1999；Fischer，1998）。而越来越多的学者认为智利能够抵御重大的货币危机得益于其有效的审慎管理措施，并非是资本管制（Gregorio & Edwards，2000）。国内学者也关注中国资本管制对资本流动有效性的问题，大部分研究并不支持资本管制对跨境资本流动有效的观点（徐明东等，2009；刘莉亚等，2013；黄玲，2011；金荦等，2005）。

对于资本管制对资本流动影响的实证研究结果的解释并不清晰，有的学者认为资本管制实际上是一种资源扭曲，在降低资产收益率的同时，对产出波动也有相当激烈的影响，因而想要达到的政策效果有限（Minella et al.，2003）。还有些学者认为大部分实证研究使用国际资本净流动数据，并不能反映资本总流动的差异性（刘亚莉等，2013）。格雷戈里奥等（Gregorio et al.，2009）比较了资本管制对FDI、证券投资以及其他投资波动性的影响，结果发现，资本项目开放对于FDI的波动性影响比较显著，而对于证券投资的波动性影响有限。

以上研究成果对于本书深入研究资本管制有效性奠定了基础，但仍然存在以下不足。首先，从研究方法上看，现有研究多着眼于资本管制与资本流动这二变量之间的线性关系，然而艾瑞格（Einzig，1961）提出资本管制与资本流动之间并非单纯线性关系，可能存在非线性关系。因此，是否正是由于二者之间的非线性关系，才导致关于资本管制有效性的研究结论存在争议？其次，从研究视角上看，现有研究多集中于从宏观层面进行考察，而跨境资本流动虽然是宏观指标，但实际上是微观投资者跨境投资决策的宏观表现。仅有少数学者探讨投资者行为对资本管制有效性的影响，如卡瓦略等（Carvalho et al.，2008）认为，由于投资者应对资本管制的方式很多从而能有效地规避管制；斯皮格尔等（2012）认为，虽然规避行为会产生成本，但倘若投资者预期收益将超过成本，该规避行为就有可能发生。这些学者的研究为我们从微观视角探索资本管制议题提供思路，但并没有深入阐明影响投资者预期收益及投资行为的因素，更没有提出具有可操性的政策措施。

而在2008年金融危机之后，越来越多的学者重新关注金融周期在实体经济中的作用（Reinhart et al., 2009）。国内学者袁梦怡等（2016）论证投资者在金融周期不同阶段风险偏好的变化将对宏观经济产生重要的影响。与风险偏好类似，投资者预期收益在金融周期的不同阶段也呈现出差异性，进而对宏观变量产生影响（张斌等，2012）。例如，在金融繁荣期，信贷扩张、杠杆率上升、投资者预期收益增加将扩大投资；在金融衰退期，信贷紧缩、杠杆率下降、投资者预期收益减少将缩减投资。可见，金融周期与投资者预期收益及投资行为联系紧密。因此，在金融周期条件下从微观视角探讨资本管制议题或将有新的发现。

我们从以上研究中获得检验资本管制有效性议题的启发：资本管制与资本流动之间可能存在非线性关系。这是由于资本管制对资本流动产生的效果取决于投资者在金融周期的不同阶段，面临管制成本时权衡预期收益所作出的投资决策。一旦投资行为的预期收益超过管制成本，投资行为就会发生，资本管制就不能达到预期效果。

因此，本章在前人研究的基础上进行扩展和改进，创新性地引入金融周期条件，基于行为金融学的预期理论探讨资本管制与资本流动之间的非线性关系。选取1990~2015年19个国家的面板数据利用门限模型，考察资本管制与资本流动在金融周期的不同阶段下所呈现的非线性特征，对资本管制有效性进行再检验。这不仅丰富了资本管制有效性的研究内容，也对政策当局认知资本管制和资本流动之间的关系、实施有效的资本管制措施提供有价值的政策指导。

4.2　研究思路与模型构建

4.2.1　研究思路

关于个体风险决策行为，早期的理论认为人们会计算出每个选项期望价值，并选择最高的选项。伯努利（Bernoulli，1954）在此基础上进一步提出期望效用的概念，以此来描述人们对特定财富的主观价值。冯诺依曼等（Von Neumann et al.，1947）在期望效用概念的基础上提出了期望效用理论。此理论在很长一段时间里都占据了统治地位。而费希尔等（Fisher et al.，1996）通过实验发现，服装制造厂经理在作补货决策时往往订货数量低于最优订货数量，也就是说，决策者的订货策略往往偏离利润最大化原则。而卡尼曼等（Kahneman et al.，1979）提出的预期理论在很大程度上可以对此现象进行很好的解释。与期望效用理论不同，预期理论中的价值函数将一个选择的价值预期根据参照点划分为收益或损失，参照点通常是现状或目标，这种现象一般被称为参照依赖。特沃斯基（Tversky，1992）进一步阐述个体进行决策并非关注财富的最终状况，而是相对于某个参照点的损失和收益，实际上是对"预期"的选择。

我们将此理论引入资本管制有效性议题的考量：假设监管当局以征收交易税的方式，对所有跨境资产交易均实施资本管制，这为投资者带来成本。如果按照特沃斯基（Tversky，1992）的理论假设，资本管制所带来的成本影响不一定会对人们的决策行为产生固定的影响，这要取决于人们对收益的预期。假如，投资者以当期收益作为参照点，如果在已经考虑管制所带来成本的条件下，预期下一期收益仍高于当期收益，投资者依然会进行投资。相反，如果将管制所带来的成本考虑在内，预期投资收益低于当期收益，投资者会放弃投资。如果此假设成立，可见预期收益成为影响投资者投资与否的关键因素，那么，什么因素影响了投资者的预期收益呢？

正如本书文献综述中提到，金融周期性波动是影响投资者对未来投资收益预期的重要因素。金德尔伯格（Kindleberger，1978）认为，在金融高涨期，亢奋情绪会使投资者高估企业利润增速，夸大经济增速，投资者预期收益上升；而在金融衰退期，恐慌情绪使投资者低估企业利润增速，预期收益下降。因此，在考虑金融周期性波动的情况下，资本管制所带来的成本影响不一定会对人们的决策行为产生固定的影响。这取决于人们在金融周期波动下对收益的预期，以及由预期收益导致的对资本管制政策的反应。具体表现为：在金融高涨期，投资者将高估未来收益，预期收益大于当期收益，此时投资者对资本管制所带来成本的敏感性降低，因此，政府实施的资本管制政策对跨境资本流动的有效性或将下降。在金融衰退期，风险资产价格下跌，投资者恐慌情绪增加，预期收益下降，此时即便资本管制提高了跨境资本流动的成本，投资者可能仍然会实施与资本管制目标相反的跨境投资活动。而在金融平稳期，金融体系稳定性强，投资者预期收益不发生变化，资本管制政策可以达到预期目标。

基于以上的理论逻辑分析，本章提出研究假设：在考虑金融周期波动的情况下，资本管制对资本流动的有效性存在差异性，即在金融高涨期与衰退期，资本管制的效果不及金融平稳期。

4.2.2 模型构建

根据研究思路与研究假设可以推知，资本管制与资本流动将由于金融周期处于不同阶段而呈现非线性关系，即二变量之间的关系呈现出区间效应。为避免人为划分金融周期区间的偏误，我们采用汉森（Hansen）在1999年提出的门限面板模型，根据数据本身的特点来内生划分区间，进而研究不同区间内资本管制对资本流动产生的影响。单一门限模型的设定如下：

$$y_{it} = \alpha_i + \sum \gamma_i x_{1it} + \beta_1 x_{2it} I(q_{it} \leq X) + \beta_2 x_{2it} I(q_{it} > X) + \varepsilon_{it} \quad (4-1)$$

其中，x_{1it} 为控制变量，x_{2it} 为解释变量，受到门限变量取值区间影响，在门限前后回归系数发生变化；q_{it} 为门限变量，本书中为金融周期；X 为特定的门限值。$α_i$ 为常数向量；$I(·)$ 为指标函数；$ε_{it}$ 为随机干扰项。

根据理论假说，为了分别考察在金融高涨期、金融衰退期以及金融平稳期资本管制的政策效果，我们借鉴连玉君（2006）的研究将双重门限模型设定为：

$$y_{it} = α_i + \sum γ_i x_{1it} + β_1 x_{2it} I(q_{it} ≤ X_1) + β_2 x_{2it} I(X_1 < q_{it} ≤ X_2) + β_3 x_{2it} I(q_{it} > X_2) + ε_{it} \quad (4-2)$$

构建模型之后，需要对模型进行非线性检验，这是门限模型成立的关键。对模型进行非线性检验即验证门限值能否识别，门限值 X 是否存在门限效应。为了验证该问题，首先通过最小二乘法与网格搜索法对门限模型（4-2）进行估计。在网格搜索的过程中，为了防止门限值过分接近取值的区间端点而使在某一区制内的样本数量过少，根据安德鲁斯等（Andrews et al.，1994）的方法将样本可行域的检索空间去掉首尾 5% 的数据。本章借鉴汉森（Hansen，1996）提出的"自举法"（Bootstrap）对模型进行非线性检验，重复 300 次。

4.3 代理变量及数据说明

由于本章将金融周期作为门限变量，为了能更好地考察金融周期的影响，因此在保证长时间跨度的前提下兼顾样本容量，采用 1990~2015 年 19 个国家（13 个发达国家、6 个发展中国家）的数据进行实证检验。由于发达国家与发展中国家无论在经济体制还是制度环境均存在明显不同，可能因此使资本管制有效性存在差异，为进行横向对比，本章将分别以整体样本国家、发达国家和发展中国家作为研究对象。

4.3.1 被解释变量

由于净值不足以反映资本流动的整体状况，因而关于国际资本流动议题的研究越来越关注总量（范小云等，2011），在资本管制有效性这一议题上也是如此（Neuman et al.，2009）。另外，国际资本流动实际上是投资者跨境投资行为的表象，总量口径才能准确体现出微观行为主体的投资行为。因此，本章从总流量口径分别考察资本金融账户中三个子项目（FDI、证券投资、其他投资）资本的流入和流出规模，以及资本总流入和资本总流出规模。数据来源于 IMF 的 IFS 数据库。

表 4-1 对样本国家的流动规模进行了描述性统计。从资本总流动的方向上看，资本流入方向的均值及标准差均大于资本流出方向的均值及标准差，表明资本总流入比资本总流出的规模更大且波动性更强。对比资本流动的子项目（整体样本国家、发达国家）可见，与 FDI 项目相比，其他投资项目的均值较小而标准差较大，表明其他投资的易变性强于 FDI，而规模不及 FDI 项目。从发达国家与发展中国家的对比可以看出，发达国家资本流动各项目的均值及标准差均显著高于发展中国家，这表明发达国家资本流动的规模和波动性远高于发展中国家。

4.3.2 门限变量

本章选择金融周期作为门限变量。在实证检验中，大部分学者较为认可私人信贷/GDP 之比及 M2/GDP 作为一国金融周期的表征变量（Levine et al.，2000），其中，私人部门信贷/GDP 能更好地衡量金融部门的活动水平（陈雨露等，2016），因此本章也采用此变量作为金融周期的代理变量。其值越大表明金融越繁荣，其值越小表明金融越衰退。数据来源于 IMF 的 IFS 数据库。

表4-1 样本描述性统计

单位：十亿美元

资本流动类型	整体样本国家				发达国家				发展中国家			
	均值	标准差	最大值	最小值	均值	标准差	最大值	最小值	均值	标准差	最大值	最小值
资本总流出	94.24	177.19	1 572.39	-314.32	126.61	202.10	1 572.39	-314.32	9.05	19.42	106.27	-17.23
FDI总流出	37.87	78.70	596.51	-7.24	51.91	90.69	596.51	-7.24	2.78	6.57	30.63	-0.26
证券投资总流出	32.29	71.28	580.69	-284.27	45.46	82.38	582.69	-284.27	2.32	8.64	56.44	-23.48
其他投资总流出	24.27	87.09	658.64	-609.66	29.25	101.14	658.64	-609.66	3.96	8.57	38.41	-17.78
资本总流入	110.51	237.92	2 183.54	-213.22	146.01	275.11	2 183.53	-213.22	11.03	19.80	87.67	-25.81
FDI总流入	35.00	72.37	734.01	-20.44	41.45	78.18	734.01	-20.44	3.30	4.97	22.05	-1.14
证券投资总流入	48.00	130.33	1 156.61	-95.55	67.09	153.85	1 156.61	-95.55	4.21	9.78	49.79	-25.90
其他投资总流入	27.73	90.49	695.28	-402.37	37.49	104.33	695.28	-402.37	3.52	10.92	49.48	-18.04

4.3.3 核心解释变量

资本管制通过增加跨境资本流动的成本来达到限制资本流动目的。由于其主要是通过法律文书的形式来体现，因而在研究中通常将这些文书中提供的资本管制信息转换为离散值，通过算数平均、加总、差值等方法计算资本管制的程度（刘莉亚等，2013）。已有很多学者构建了相关数据库，例如，钦恩等（Chinn et al.，2008）利用主成分分析法构建的 Kaopen 指标被广泛运用。而阿比亚德（Abiad，2010）构建的 Intlcapital 指标相较于 Kaopen 更能反映基于法律的资本账户开放程度。辛德勒（Schindler，2017）区分了资本流入和流出管制、居民和非居民投资管制的差异性，然而其时间跨度仅为 1995~2005 年，不足以反映金融周期性波动对资本管制效果的影响。因此，本书选用 Kaopen 指标作为资本管制的代理变量，指标值介于 1.8556~2.4557，其值越大，表示资本管制力度减弱，相反其值越小，表示资本管制力度增强（Hiro Ito，2022）。

4.3.4 控制变量

20 世纪 70 年代布雷顿森林体系崩溃，多数国家取消了国际资本流动的限制措施，国际资本流动迅速增长。而 20 世纪 80 年代及 90 年代发生于拉丁美洲国家资本流动的激增与逆转引发学者们对跨境资本影响因素的研究。卡尔沃等（Calvo et al.，1993）讨论了外部因素对国际资本流动的推动作用，其强调中心国家的货币政策及经济周期对新兴市场国家跨境资本流动的重要作用。泰勒等（Taylor et al.，1997）认为，美国利率是影响短期债券流动最重要的因素。此外，影响资本流动的内部因素通常被认为包括国内对于跨境资本所实施的政策措施（Montiel et al.，1999）、国内的经济增速（Baek，2006）、货币供给冲击（Filer，2004）等。鉴于影响资本流动的因素众多，本书参考已有文献，选择以下控制变量。

（1）GDP 增长率。国内生产总值反映着一国的宏观经济状况以及增长趋势，是影响资本流动发生的根本因素。数据来源于 WDI 数据库。

（2）经常账户余额。经常账户余额反映出一国抵御外界冲击的能力。若经常账户赤字则意味着该国严重依赖国际资本流入，对外界冲击更为敏感。数据来源于 WDI 数据库。

（3）汇率水平。汇率水平直接影响着国际资本的流动，货币升值国际资本大量流入，而货币贬值将引发国际资本流出。本文采用本币兑美元名义汇率水平（欧元区国家 1999 年之后的汇率采用欧元兑美元汇率），数据来源于 IFS 数据库。

（4）恐慌指数 VIX。恐慌指数反映了国际投资者的投资情绪，雷伊（Rey, 2013）认为，该指数可以很好地反映国际金融周期，对国际资本流动产生重要影响。因此本章采用 VIX 指数来剔除掉国际金融周期对本国资本流动的影响。数据来源于芝加哥期权交易网站。

（5）美国利率。核心国家货币政策对外围国家资本流动的影响备受关注（Rey, 2013），本章采用美国联邦基金利率来衡量美国利率水平。数据来源于 WDI 数据库。

为了消除各变量数值之间的单位和数量级的差异，本章对所有样本数据通过"（变量 – MIN)/(MAX – MIN)"进行归一化处理。

4.4 检验结果及分析

根据本章 4.2 节设定的计量模型，我们首先需要检验是否存在门限值，并确定门限值的个数，我们依次在不存在门限、单一门限、双重门限的设定下对模型（4–2）进行估计，得到 F 统计量和采用"自举法"得出的 P 值。表 4–2、表 4–3 与表 4–4 分别示列了整体样本国家、发达国家以及发展中国家的门限检验结果。从检验结果可以看到，资本管制对于资本流动的影响存在金融周期门限效应。

表 4-2 门限效果检验(整体样本国家)

项目	资本总流出		FDI 总流出		证券投资总流出		其他投资总流出		资本总流入		FDI 总流入		证券投资总流入		其他投资总流入	
	F	P	F	P	F	P	F	P	F	P	F	P	F	P	F	P
单一门限	21.90*	0.10	16.24	0.11	13.45**	0.02	13.74*	0.12	15.17	0.18	6.55	0.34	20.18**	0.05	18.46**	0.03
双重门限	7.24*	0.09	11.80*	0.06	18.50*	0.060	1.69	0.38	1.783	0.45	11.88**	0.02	26.87**	0.02	7.79	0.21
三重门限	9.62***	0.003	6.96	0.38	3.35*	0.053	2.37	0.33	6.81*	0.07	5.91	0.15	5.56*	0.06	6.05*	0.03

注:(1) P 值和临界值均采用"自举法"(Bootstrap)反复抽样 300 次得到的结果;
(2) *、**和***分别表示检验统计量在 10%、5%和 1%水平上统计显著。

表 4-3 门限效果检验(发达国家)

项目	资本总流出		FDI 总流出		证券投资总流出		其他投资总流出		资本总流入		FDI 总流入		证券投资总流入		其他投资总流入	
	F	P	F	P	F	P	F	P	F	P	F	P	F	P	F	P
单一门限	42.75**	0.02	46.11***	0.01	6.89	0.30	19.84**	0.08	37.25**	0.04	17.01	0.24	10.67	0.14	18.15*	0.07
双重门限	2.17	0.26	2.17	0.26	11.24*	0.06	4.38*	0.06	2.31	0.12	3.78**	0.02	5.54	0.28	6.41	0.20
三重门限	5.26**	0.02	2.02	0.17	5.65	0.10	9.51*	0.06	0.37	0.43	2.08	0.28	8.22	0.19	5.73*	0.08

注:(1) P 值和临界值均采用"自举法"(Bootstrap)反复抽样 300 次得到的结果;
(2) *、**和***分别表示检验统计量在 10%、5%和 1%水平上统计显著。

表4-4　门限效果检验（发展中国家）

项目	资本总流出		FDI总流出		证券投资总流出		其他投资总流出		资本总流入		FDI总流入		证券投资总流入		其他投资总流入	
	F	P	F	P	F	P	F	P	F	P	F	P	F	P	F	P
单一门限	12.95**	0.05	7.03*	0.06	9.41	0.16	2.07	0.03	3.09	0.26	1.95	0.55	14.28***	0.01	16.22***	0.01
双重门限	10.92	0.20	9.02	0.17	8.69**	0.05	7.73	0.41	16.82**	0.05	1.13*	0.07	9.54*	0.06	21.47	0.22
三重门限	2.41	0.14	0.08	0.62	3.58	0.35	0.49	0.49	3.91	0.11	2.04	0.63	2.01	0.53	6.28	0.10

注：(1) P值和临界值均为采用"自举法"（Bootstrap）反复抽样300次得到的结果；
(2) *、**和***分别表示检验统计量在10%、5%和1%水平上统计显著。

第4章 金融周期条件下资本管制有效性的再检验

从整体样本国家的检验结果可以看出，资本总流出、证券投资总流出、证券投资总流入的单一门限、双重门限和三重门限都拒绝原假设。其他投资总流入的单一门限和三重门限都拒绝原假设。FDI总流出与FDI总流入的双重门限显著。其他投资总流出的单一门限显著，资本总流入的三重门限显著（见表4-2）。从发达国家的检验结果可以看出，其他投资总流出存在单一、双重以及三重门限。资本总流出、其他投资总流入存在单一、三重门限。FDI总流出、资本总流入存在单一门限。证券投资总流出与FDI总流入存在双重门限。而仅有证券投资总流入不存在门限值（见表4-3）。而发展中国家证券投资总流入的单一门限与双重门限效果显著；资本总流入、证券投资总流出、FDI总流入的双重门限显著；资本总流出、FDI总流出、其他投资总流入的单一门限显著；仅有其他投资总流出不存在门限值（见表4-4）。

依据检验结果我们发现，样本国家大部分资本流动项目具有双重门限值，并且由于双重门限可以检验在金融周期的三个阶段，即金融高涨期、金融衰退期以及金融平稳期，资本管制对于资本流动的影响。因此，我们对具有双重门限值的资本流动项目构建双重门限模型进行实证分析。双重门限的估计值及相应的95%的置信区间与模型（4-2）的参数估计及t值分别示列于表4-5和表4-6。

检验结果表明，本章所选取的控制变量对被解释变量具有较为显著的影响。GDP增长率对资本流动产生显著影响，这表明经济增长带来逐利性跨境双向资本流动。经常账户余额对资本流入项目产生显著的负向效应，而对资本流出项目产生显著的正向效应，这表明经常账户余额越大对资本流入的依赖越小，这与现实相符。汇率水平对发达国家资本流动产生显著影响而对发展中国家资本流动的影响并不显著，这反映出发达国家的汇率水平市场化程度更高，资本流动对汇率的变动更加敏感。需要引起关注的是，恐慌指数对发达国家证券资本总流出、其他投资总流出以及FDI总流入具有显著的效应，而对于发展中国家并不存在显著影响，此结果在一定程度上表明VIX指数更多地体现出对发达国家跨境资本流动的解释力，而其对于发展中国家

表 4 – 5　门限值估计结果

项目	整体样本国家					发达国家				发展中国家		
	资本总流出	FDI总流出	证券投资总流出	FDI总流入	证券投资总流入	证券投资出	其他投资总流出	FDI总流入	证券投资总流入	FDI总流入	证券投资总流入	资本总流入
$\hat{X}_1$	0.982 [0.968, 1.033]	0.525 [0.317, 1.564]	0.982 [0.966, 1.727]	0.791 [0.317, 1.732]	1.017 [0.964, 1.054]	0.607 [0.211, 0.714]	0.211 [0.027, 0.843]	0.211 [0.017, 0.496]	0.642 [0.620, 0.682]	0.040 [0.024, 0.925]	0.784 [0.00, 0.901]	0.642 [0.628, 0.721]
$\hat{X}_2$	1.529 [0.317, 1.564]	0.968 [0.944, 1.033]	1.529 [1.433, 1.529]	0.968 [0.829, 1.529]	1.529 [1.433, 1.561]	0.847 [0.496, 0.956]	0.880 [0.000, 0.995]	0.945 [0.000, 0.995]	0.721 [0.721, 0.721]	0.250 [0.092, 0.925]	0.916 [0.851, 0.924]	0.756 [0.729, 0.807]

表 4 – 6　模型参数估计结果

项目	整体样本国家					发达国家				发展中国家		
	资本总流出	FDI总流出	证券投资总流出	FDI总流入	证券投资总流入	证券投资出	其他投资总流出	FDI总流入	证券投资总流入	FDI总流入	证券投资总流入	资本总流入
GDP增长率	3.90*** (2.93)	1.38** (2.14)	0.032 (0.05)	0.66 (0.89)	−0.490 (−0.73)	0.14** −2.12	0.18*** −2.64	0.18** (2.45)	0.092 −1.35	0.14 (1.30)	0.09 (1.34)	0.17 −0.9
经常账户余额	0.42** (3.68)	0.12** (2.15)	0.30*** (5.71)	0.037 (0.59)	−0.0675*** (3.19)	0.24*** (−5.27)	0.19*** (−3.81)	0.30*** (3.72)	0.13*** (−2.66)	−0.31** (−2.57)	−0.13* (−1.70)	−0.82*** (−4.18)
汇率水平	0.33** (1.98)	0.087 (1.07)	0.26*** (3.40)	0.17* (1.79)	0.0678 (0.53)	0.22*** (−2.93)	0.14* (−1.71)	−0.13 (−1.48)	0.16** −2	0.07 (0.61)	0.07 (0.86)	0.31 −1.48

第4章 金融周期条件下资本管制有效性的再检验

续表

项目	整体样本国家					发达国家			发展中国家			
	资本总流出	FDI总流出	证券投资总流出	FDI总流入	证券投资总流入	证券投资总流出	其他投资总流出	FDI总流入	证券投资总流出	FDI总流入	证券投资总流入	资本总流入
恐慌指数	-0.005*** (-1.28)	0.005** (2.57)	-0.007*** (-3.68)	0.003 (1.16)	0.0555 (0.96)	-0.005*** (-2.68)	0.006*** (-3.06)	0.003* -1.72	-0.001 (-0.34)	0.004 (1.10)	-0.004 (-1.45)	0.002 -0.38
美国利率	-0.057 (-0.22)	-0.147 (-1.18)	0.081 (0.70)	-0.136 (-0.96)	0.178** (2.10)	-0.180* (-1.74)	0.023 (-0.20)	0.071 (-0.64)	-0.178 (-1.25)	-0.337 (-1.59)	-0.048 (-0.37)	-0.318 (-0.92)
资本管制a	-0.43*** (-5.07)	0.16*** (3.21)	-0.15*** (-4.00)	-0.15*** (3.18)	-0.222*** (5.13)	-0.13*** (-3.48)	-0.21*** (-5.61)	-0.13*** (-3.58)	-0.46** (2.61)	-0.31* (-1.82)	0.37** (2.58)	-1.08*** (-3.12)
资本管制b	1.28*** (6.10)	0.33*** (3.39)	0.51*** (5.31)	0.38*** (3.29)	0.462*** (4.33)	0.40*** (-4.07)	0.37*** (-3.57)	0.44*** (-4.32)	0.46 (-2.39)	0.43*** (3.20)	0.43** (-2.51)	1.38*** -3.41
资本管制c	-0.44*** (-3.08)	0.19*** (4.75)	-0.33*** (-5.15)	0.18*** (3.82)	-0.463*** (-6.34)	-0.15*** (-3.60)	0.005 (-0.14)	0.07* -1.77	-0.26 (3.49)	-0.21* (-1.31)	0.89*** (4.69)	-1.33*** (-3.53)
常数项	-0.02 (-0.12)	-0.27*** (-2.75)	-0.08 (-0.85)	-0.29*** (-2.57)	0.164 (0.230)	-0.00 (-0.05)	-0.37*** (-3.62)	-0.36*** (-3.58)	0.27** (2.57)	0.28* (1.80)	0.41*** (4.41)	1.27*** (5.00)

注：(1) 资本管制a、资本管制b、资本管制c分别表示处于金融衰退期、平稳期以及高涨期实施的资本管制。(2) *、**和***分别表示检验统计量在10%、5%和1%水平上统计显著。

跨境资本流动问题的解释有待进一步探讨。这一研究发现在一定程度上质疑了"二元悖论"①（Rey，2013）的观点对于发展中国家问题的适用性，这为我们今后的研究提供视角与空间。

我们的重点在于考察资本管制与资本流动的关系。以私人信贷占GDP的比重作为金融周期的代理变量，资本管制对资本流动存在非线性的金融周期门限效应。观察各模型的回归结果发现，除证券投资总流出（发展中国家）以外，其余资本流动项目（整体样本国家、发达国家与发展中国家）无论是在金融衰退期、平稳期还是高涨期，资本管制的回归系数均很显著。

另外，可以观察到资本管制对资本流动的影响程度因金融周期所处的不同阶段而呈现出显著的差异性。无论是整体样本国家、发达国家还是发展中国家，其资本流动各项的回归结果呈现出一致性，即处于金融衰退期和高涨期的资本管制，其有效性要明显弱于金融平稳期。例如，证券投资总流出（整体样本国家、发达国家）的回归系数在门限值前后变化显著，当私人信贷占GDP的比重低于第一门限值（0.982、0.607）或者高于第二门限值（1.529、0.847）时，资本管制对资本流动的回归系数为负值，且均通过1%的显著性检验，表明资本管制强度与资本流动规模同向变动。而当私人信贷占GDP的比重介于两个门限值之间（0.982～1.529、0.607～0.847）时，资本管制对资本流动的回归系数为正，且均通过1%的显著性检验，表明资本管制对资本流动的限制能达到较好的效果。资本管制对其他投资项目的影响也呈现出与证券投资相类似的金融周期门限效应。

资本管制对于FDI总流入（整体样本国家、发达国家）的回归系数在第二个门限值（0.968、0.945）前后虽均为正值，但是当私人信贷占GDP比重高于第二个门限值（0.968、0.945）时，其回归系数（0.18、0.07）小于私人信贷占GDP比重介于两门限之间（0.791～0.968、0.211～0.945）

---

① 二元悖论是由雷伊（Rey，2013）首次提出当存在资本流动的情况下，浮动汇率并不能将经济体隔绝在全球金融周期之外，即浮动汇率并不能增强货币政策的独立性，其立论的根基在于引入恐慌指数（VIX）。而本章的研究结果显示恐慌指数（VIX）对于发展中国家资本流动的影响并不显著，从而引发我们探讨"二元悖论"对于发展中国家适用性的议题。

的回归系数（0.38、0.44）。这一检验结果也表明处于金融衰退期和高涨期的资本管制效果要弱于金融平稳期。对比发达国家与发展中国家的回归结果可以发现，发展中国家在金融高涨期和衰退期资本管制回归系数的绝对值均高于发达国家，这表明发展中国家资本管制效果受到金融周期的影响更大。

以上研究结果表明，资本管制对资本流动的影响会受到金融周期的影响：在金融高涨期和衰退期，资本管制对资本流动的效果下降，而只有在金融平稳期，资本管制对资本流动具有显著的抑制作用，从而验证了本章提出的假设。

4.5 结论与建议

本章基于行为金融学的预期理论提出研究假设：在考虑金融周期性波动的条件下，资本管制对资本流动的有效性存在差异性，即在金融高涨期和衰退期，资本管制的效果不及金融平稳期。并利用1990~2015年19国的面板数据通过门限模型选择私人信贷占GDP之比这一代理变量，考虑在金融周期的不同阶段资本管制对资本流动的影响，检验结果显示，资本管制对于资本流动确实存在门限效应，即：资本管制对于跨境资本流动的有效性受到金融周期因素的影响。具体表现为：第一，在金融高涨期与金融衰退期，资本管制对资本流动的限制效果减弱；而在金融平稳期，资本管制对资本流动可以产生较强的限制作用。第二，发展中国家相较于发达国家，资本管制的效果受到金融周期的影响更强。根据以上研究结论本书提出以下政策建议。

（1）政府在实施资本管制的政策措施时，应紧密联系金融周期波动规律，在不同时期实施差异化的资本项目管理措施。在金融平稳期，政府可以灵活运用结构性资本管制措施，减少跨境资本流动带来的金融风险。在金融高涨期与金融衰退期，由于资本管制的效果下降，除加大资本管制的力度以外，应结合运用非歧视性的宏观审慎管理措施，增强国内金融机构的稳健性，限制跨境资本流动以及由此带来的金融风险。此外，在金融高涨期与金融衰退期，应积极地采取预期干预措施，从而影响投资者的跨境投资决策，减少金融周期波动因素对资本管制效果的影响。

（2）发展中国家资本管制效果受到金融周期的影响强于发达国家，这在一定程度上表明，较高质量的制度环境以及市场化程度有利于实现资本管制的政策目标，其不仅有助于改善一国宏观经济的基本面，而且表明一国能够在保护私有财产和债权人权益的前提下，使资本管制的措施得到有效的执行，从而增强投资者信心，稳定投资者收益预期。因此，完善信息披露制度、加强产权保护法规建设、为境内外投资者营造高质量的制度环境，是平滑金融周期对资本管制有效性的影响，强化资本管制政策效力的有效途径。

第5章

国际金融周期、资本急停与政策有效性

本章利用 1990~2017 年 31 个发达经济体和 28 个发展中经济体的季度数据,详尽计算了六类资本急停的样本,据此探索国际金融周期对不同类别资本急停的影响,以及汇率制度与资本管制对资本急停的防范效果。研究结果表明,国际金融周期进入萧条期将增加 SSI、SSIN、SSION、SSO 以及 SSN 的发生概率,且对发达经济体 SSO 和发展中经济体 SSI 有显著的正向影响。资本管制仅对 SSIN 的作用显著,而汇率稳定性对防范各类资本急停均有显著的作用。国际金融周期对资本管制与汇率制度的政策效果产生调节作用。当国际金融周期进入萧条期,资本管制对发展中经济体 SSO 的防范作用更不理想,而汇率稳定对发达经济体 SSION 以及发展中经济体 SSON 的防范作用增强。由此为各国在国际金融周期背景下防范各类资本急停提供针对性的政策建议。

5.1 引 言

20 世纪中后期国际资本流动活跃,由资本异常流动引发的危机以相似的脚本接连"上演"。众学者试图从经济现实出发探索这些危机的发生机制及产出效应,在诸多异常资本流动的研究中,跨境资本断崖式骤减带来的产出负效应最显著，因而引发学者关注。卡尔沃（Calvo，1998）、卡尔沃和莱因哈特（Calvo & Reinhart，2000a）首次以资本急停（Sudden Stop）的概念来描述这种现象。随后众学者对其进行了扩展研究，形成了关于资本急停的研究框架（Calvo et al.，2008；Mendoza，2010）。2008 年金融危机之后，发展中经济体资本急停频发对产出造成严重冲击（李芳等，2018）。特别是随着金融全球化程度的加深，金融周期性波动呈现全球化特征（Forbes & Warnock，2012；Bruno & Shin，2013a），依靠汇率制度安排来防范资本大规模流动的政策效果更难保证（Rey，2015）。

跨境资本流动受到内外部因素的共同作用，而由于发展中经济体跨境资本流动更易受到外部因素的影响，因而备受学者关注。卡尔沃、雷德曼和莱因哈特（Calvo，Leiderman & Reinhart，1993）对拉丁美洲国家 20 世纪 90 年代跨境资本流动的研究发现，美国经济衰退、国际利率下降是引发资本流入这些国家的重要原因。而随着 20 世纪初大量资本流入亚洲，学者们又开始关注国际投资者风险偏好对资本流动的影响（Gyntelberg & Remolona，2007）。2007 年次贷危机爆发之后，主流经济学开始关注金融摩擦在宏观经济体系中的重要作用，并指出金融周期逐渐呈现全球性的波动规律，且发现全球避险情绪指数（VIX）能很好地反映此波动特征，并且与各国资本流动相关（Bruno & Shin，2013a）。许多学者的实证检验结果支持 VIX 对资本流动产生重要影响的结论。布拉纳和拉赫特（Brana & Lahet，2008）基于 1990~2007 年亚洲国家资本流入数据，检验出全球避险情绪、传染因素是影响资本流动的重要外部因素。米勒斯福莱特等（Milesi-Ferretti et al.，2011）认为，各国之间资本流动减少的程度与全球避险情绪相关。弗拉茨舍尔（Fratzscher，2012）也通过对 2008 年金融危机期间主要资本流动影响因素的检验发现全球避险情绪是新兴经济体多轮资本外流的驱动因素。福布斯和沃诺克（Forbes & Warnock，2012）利用 1980~2009 年 58 个国家资本急停的样本，实证检验了全球避险情绪指数是引发资本急停的重要因素之一。国内学者郑璇（2014）通过分析流入驱动型和流出驱动型资本急停的影响因素发现，全球避险情绪显著影响新兴经济体流入驱动型资本急停的

第5章 国际金融周期、资本急停与政策有效性

发生。

资本管制对于资本流动的有效性一直是具有争议的话题（余永定和张明，2012）。关于资本急停的研究表明，尽管资本管制会显著影响资本流动的构成，然而并非是应对资本急停的长期解决方案（Calvo & Reinhart，2000a）。甚至有学者认为，对资本外流的管制极有可能导致资本流出的加剧（Bertola & Drazen，1993）。同样，在关于汇率固定还是浮动在应对大规模资本流动效果更佳的议题上仍未有定论。固定汇率是应对外部冲击的有效措施（路继业，2015），锚定美元的固定汇率制对于发展中国家来说是更加能改善资本急停问题的方法（Calvo & Reinhart，2000b）。然而，锚定汇率制虽然对起初的资本流入起到重要的作用，但其背后的信用缺失将随后引发资本流动的大幅逆转（Calvo & Vegh，1999）。并且随着近期对国际金融周期的关注，引发学者对于汇率政策效果的担忧：由于国际金融的周期性特征将影响全球跨境资本流动方向，汇率制度发挥作用的空间有限（Rey，2015）。

以上研究成果为继续探讨国际金融周期、资本急停与政策有效性的议题奠定了基础，但仍然存在研究空间。第一，少数涉及国际金融周期对"资本急停"影响的文献对于资本急停的界定比较单一，而通过详尽区分净值和总量口径以及资本流动的方向，可以对国际金融周期对资本急停的影响有更准确、更全面的认知，为各国在国际金融周期背景下应对各类资本急停提供更有针对性的政策方案。第二，现有文献并未就资本管制与汇率制度对资本急停的政策有效性达成一致性的观点，且少有文献考察资本管制与汇率制度对各类资本急停的影响，以及国际金融周期在其中发挥的作用。因此，本章试图作出的贡献在于，通过详尽地计算并分类资本急停的样本，进而探索国际金融周期对各类资本急停发生的影响方向与程度，考察资本管制、汇率制度对各类资本急停的政策有效性，以及国际金融周期对政策效果的影响。在完善资本急停研究框架的同时，为各国在国际金融周期背景下防范资本急停提出政策建议。因此，本章在国际金融周期背景下，详尽探索国际金融周期对资本急停产生的影响，并考察资本管制与汇率制度在防范资本急停时发挥的作用，为各国尤其是发展中国家在国际金融周期背景下采取有效的资本

急停防范措施提供政策参考。

5.2 资本急停的特征性事实

"急停"最早起源于多恩布什等（Dornbusch et al., 1994）关于墨西哥问题的论文中。卡尔沃（Calvo, 1998）、卡尔沃和莱因哈特（Calvo & Reinhart, 2000）首次以"资本急停"的概念来解释布雷顿森林体系崩溃后，发展中国家出现的国际资本流入在短期内大量减少的现象，却并没有对资本急停进行严格的定义。卡尔沃等（Calvo et al., 2004）将资本急停定义为私人资本流动的变化小于该国样本均值负两个标准差，并且开始于首次资本流动的变化小于样本均值负一个标准差，结束于首次资本流动的变化大于样本均值负一个标准差（Calvo et al., 2008）。此方法不仅被 Calvo 后来的研究一直采用，并且由于其计算简明且具有一般性被绝大多数的学者认可。考恩等（Cowan et al., 2008）以及卡尔德隆和久保田（Calderon & Kubota, 2013）基于此方法从总流量口径区分了流入驱动型和流出驱动型资本急停，卡瓦洛等（Cavallo et al., 2015）又在此基础上区分了总流量口径与净流量口径，从而较全面地观察资本急停的特征。因此本章采用卡瓦洛等（Cavallo et al., 2015）提出的资本急停分类方法，将考察期内历次资本急停划分为六类：SSI（总流入型资本急停）、SSO（总流出型资本急停）、SSN（净流入型资本急停）、SSIN（总流入且净流入型资本急停）、SSON（总流出且净流入型资本急停）、SSION（总流入且总流出且净流入型资本急停）。为最大限度地考察国际金融周期、资本管制与汇率制度对各类资本急停的影响，本章选取了 31 个发达经济体和 28 个发展中经济体 1990 年第一季度至 2017 年第二季度的数据作为资本急停样本计算区间，数据来源于 IFS 数据库。按照上述分类及计算方法，得到六类资本急停的样本，如表 5-1 所示。

表 5-1　　　　　　　　　资本急停样本　　　　　　　　单位：个

类型	SSI	SSIN	SSN	SSO	SSON	SSION
发达经济体	20	16	5	23	9	37
发展中经济体	14	22	4	31	10	18
合计	34	38	9	54	19	55

从表 5-1 资本急停的样本数据可以看到，在考察期内，SSO 与 SSION 在所有资本急停类型中发生次数较多，SSIN、SSI 与 SSON 次之，而 SSN 的发生次数较少。因此，单纯地观察跨境资本流动的净值变化，不足以全面地监测异常跨境资本流动的发生。从总流量口径观察资本流动的规模与方向是资本急停领域的研究趋势。

为观察资本急停与国际金融周期的关联性特征，根据梁锶和张品一（2018b）对国际金融周期双区制特征的研究结果：在 1990~1996 年、2003~2006 年与 2012~2017 年国际金融周期处于低区制，而在 1997~2002 年与 2007~2011 年国际金融周期处于高区制。据此，本书对资本急停的观察也划分为五个时间段：1990~1996 年、1997~2002 年、2003~2006 年、2007~2011 年、2012~2017 年。为对比不同经济体在不同时段发生资本急停的差异性，绘制图 5-1 和图 5-2 分别描述发达经济体与发展中经济体在此五个时间段六类资本急停的发生次数。

对统计数据的观察可以发现，首先，1990~1996 年、1997~2002 年以及 2003~2006 年这三个时间段发达经济体爆发资本急停的次数均多于发展中经济体，而 2007~2011 年与 2012~2017 年发展中经济体发生资本急停的次数多于发达经济体。这说明在考察的样本期内，自 2007 年次贷危机之后，发展中经济体比发达经济体爆发资本急停的频率高。其次，从时间段与资本急停发生次数的关联特征上发现，资本急停的爆发次数在国际金融周期高区制多于国际金融周期低区制。这在一定程度上表明，国际金融周期上升与资本急停爆发具有关联性。最后，可以发现在六类资本急停的样本中，SSION随国际金融周期变动的特征最明显，即在国际金融高区制发生的次数显著多于国际金融低区制。

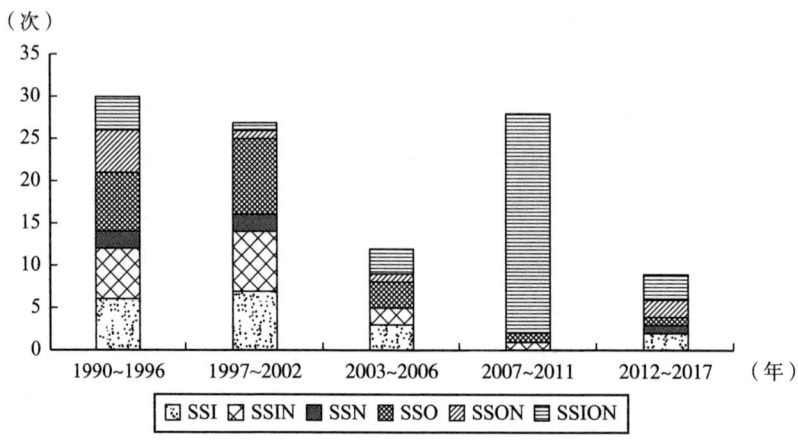

图 5-1 资本急停在各时段的发生次数：发达经济体

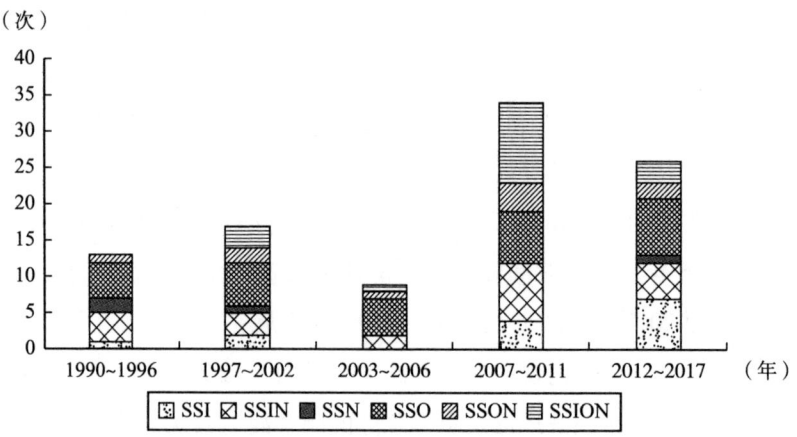

图 5-2 资本急停在各时段的发生次数：发展中经济体

5.3 实证检验

5.3.1 模型构建

本章采用 Logit 模型检验国际金融周期对资本急停发生的影响方向与程度。Logit 离散因变量模型是研究"二元响应"问题时通常采用的方法，大多数学者在研究资本急停议题时采用这种方法（Calvo，2004）。模型设计如下：

$$\text{Logit SS}_{itj} = c + \alpha \text{VIX}_t + \theta' \text{CV}_{it} + \mu_{it} \qquad (5-1)$$

其中，SS_{itj} 为潜变量，若 i 国在 t 时期发生 j 类型的资本急停，则 $SS_{itj} = 1$，否则 $SS_{itj} = 0$。解释变量 VIX_t 表示国际金融周期的代理变量；CV_{it} 表示包含所有控制变量的集合。

5.3.2 变量选择与数据说明

5.3.2.1 国际金融周期的代理变量

VIX 指数反映出全球金融市场的动荡程度与全球投资者对未来股市波动性的预期。指数越高，代表投资者预期后市波动程度会加剧。很多学者认为，VIX 指数可以在很大程度上反映国际金融的周期性变动规律（Bruno & Shin，2013a；Rey，2015；魏英辉等，2018）。依照前人的研究成果，本章也选择 VIX 指数作为国际金融周期的代理变量。数据来源于芝加哥期权交易网站。

5.3.2.2 控制变量的选择

根据已有相关文献的研究结果，选择资本管制、汇率制度、经济增长率、通货膨胀率作为控制变量（Jeasakul，2005；马宇和郑慧，2017）。本章采用 Kaopen 指标作为资本管制程度的代理变量（Chinn et al.，2008），其值越大表示资本管制力度越弱，其值越小表示资本管制力度越强。利用汇率稳定性指标（ERS）来指代汇率制度（Aizenman et al.，2007），该指标越大表明汇率的稳定性越高，越小表明汇率的稳定性越低。此外，经济增长率（GGDP）反映出一国宏观经济状况及增长趋势，是影响资本流动发生的根本因素。通货膨胀率（CPI）反映经济景气情况，影响资本的流动方向，本章以消费者物价指数 CPI 来指代。经济增长率与通货膨胀率数据均来源于 WDI，资本管制程度与汇率稳定性指标数据均来源于 Hiro Ito（2022）。表 5-2 显示了各变量基本统计量描述。

表 5-2　　　　　　　　各变量的描述性统计

变量名称	观测值	最小值	最大值	均值	标准差
SSI	6 490	0.000	1.000	0.024	0.153
SSO	6 490	0.000	1.000	0.033	0.178
SSN	6 490	0.000	1.000	0.008	0.088
SSIN	6 490	0.000	1.000	0.032	0.175
SSON	6 490	0.000	1.000	0.013	0.112
SSION	6 490	0.000	1.000	0.049	0.215
VIX	6 490	11.180	44.140	19.561	7.353
GGDP	4 697	-31.370	110.960	3.179	6.027
CPI	6 326	-23.900	14 029.530	32.449	334.045
Kaopen	6 170	-1.900	2.370	1.153	1.463
ERS	5 352	-1.000	1.88	0.121	0.125

从各变量的描述性统计可以看到，CPI 的最大值与均值的偏离度较大，这是由于本章所采用的样本空间较大，且涵盖的研究对象包括白俄罗斯、克罗地亚、格鲁吉亚、哈萨克斯坦、拉脱维亚、立陶宛、罗马尼亚、俄罗斯，这些国家受到"东欧剧变"的影响，在 20 世纪 90 年代初期均发

生了严重的通货膨胀，而阿根廷、巴西、秘鲁也在同一时期发生了严重的通货膨胀。①

5.3.3 检验结果及分析

为对比国际金融周期对不同类别经济体的影响，分别采用 59 个整体样本经济体、31 个发达经济体和 28 个发展中经济体为研究对象，利用 1990~2017 年的季度面板数据对模型（5-1）进行参数估计，回归结果如表 5-3 和表 5-4 所示。

表 5-3　　　　　资本急停与国际金融周期（整体样本）

类型	SSI	SSIN	SSION	SSO	SSON	SSN
VIX	0.032 *** (3.10)	0.037 *** (3.77)	0.071 *** (9.71)	0.018 * (1.70)	-0.024 (-1.30)	0.060 * (2.55)
GGDP	0.025 *** (3.11)	-0.092 *** (-5.22)	-0.213 *** (-0.21)	0.029 *** (4.29)	-0.101 *** (-2.89)	-0.006 (-0.14)
CPI	-0.048 ** (-2.22)	-0.001 (-0.49)	-0.077 *** (-4.83)	-0.006 (-0.63)	-0.009 (-0.65)	-0.000 (-0.05)
Kaopen	-0.004 (-0.05)	0.024 (0.49)	0.217 *** (3.17)	-0.065 (0.330)	-0.298 ** (-3.25)	0.669 ** (2.26)
ERS	-0.516 * (-1.69)	-1.682 *** (-5.09)	-0.291 (-1.31)	-0.725 ** (-2.41)	0.166 (0.40)	-1.234 (-1.57)

注：括号中为 z 统计量的值；*、** 和 *** 分别表示检验统计量在 10%、5% 和 1% 水平上统计显著。

---

① 考虑到是否会由于 1990~1994 年部分发展中经济体 CPI 偏离均值过大导致回归结果产生偏误，对 1995~2017 年的样本进行了检验，发现检验结果与 1990~2017 年样本结果基本保持一致。为了最大限度地保留资本急停的样本，在正文中仍采用 1990~2017 年作为样本区间。

表5-4 资本急停与国际金融周期（国别样本）

类型	发达经济体						发展中经济体					
	SSI	SSIN	SSION	SSO	SSON	SSN	SSI	SSIN	SSION	SSO	SSON	SSN
VIX	-0.022 (1.59)	0.040** (2.35)	0.090*** (7)	0.027* (1.86)	-0.123*** (-2.93)	0.0623** (2.04)	0.028* (1.73)	0.041*** (3.37)	0.062*** (4.35)	0.009 (0.533)	0.024 (1.18)	0.047 (1.21)
GGDP	-0.064* (-1.80)	0.003 (0.08)	-0.196*** (-10.89)	0.033*** (-2.52)	-0.131* (-1.85)	0.0647 (0.86)	0.038*** (3.75)	-0.112*** (-5.86)	-0.155*** (-6.66)	0.014 (1.13)	-0.085*** (-2.73)	-0.051 (-0.70)
CPI	-0.068 (-1.26)	0.088 (1.62)	0.015 (-0.39)	0.054 (1.44)	-0.029 (-0.33)	0.1289 (0.96)	-0.055* (-2.17)	-0.0042 (-0.48)	-0.075*** (-3.62)	-0.012 (-1.18)	-0.0124 (-0.94)	-0.038 (-0.63)
Kaopen	-0.031 (-0.22)	0.953*** (2.76)	0.222 (1.86)	-0.066 (-0.53)	-0.068 (-0.30)	—	0.011 (0.11)	0.183* (2.19)	0.138 (1.38)	0.113 (1.26)	-0.216* (-1.76)	0.574 (1.68)
ERS	-1.746*** (-0.363)	-1.416*** (-2.81)	-0.470* (-1.83)	-1.094** (-2.52)	-2.505*** (-3.14)	-0.75 (-0.85)	-1.617** (-2.51)	-1.269*** (-2.69)	-0.547 (-1.02)	0.035 (-0.08)	2.149*** (3.90)	-5.460* (-1.81)

注：括号中为 z 统计量的值；*、** 和 *** 分别表示检验统计量在10%、5%和1%水平上统计显著。

第5章　国际金融周期、资本急停与政策有效性

从表5-3的回归结果可以看出GDP增长率显著影响资本急停的发生。对于含有净值口径测度的资本急停（SSIN、SSON、SSION）将产生显著的负向作用，也就是说经济衰退是资本急停发生的重要因素，这与已有的研究结果一致（Calvo et al.，2008；Jeasakul，2005）。而经济增长对于总量口径的SSO与SSI的发生具有正向的促进作用，并且不同经济体样本检验结果显示经济增长对发达经济体SSO和发展中经济体SSI具有正向的促进作用（见表5-4），表明发达经济体经济增长越快越容易发生流出驱动型资本急停，而发展中经济体经济增长越快越容易发生流入驱动型资本急停。这是由于经济的高增长将加剧金融系统的不稳定性（陈雨露等，2016），跨境资本流动首先在总量口径呈现大规模资本流动（范小云等，2018），因此在经济增长期发展中经济体要密切关注总量口径流入方向跨境资本的减少，而发达经济体要密切关注总量口径流出方向跨境资本的增多。

很多学者认为，资本管制对流入方向资本的调整作用更明显（王晋斌和李南，2013；Magud et al.，2011），这与本章的研究结果一致。从表5-4的回归结果可以看到，无论对于发展中经济体还是发达经济体，资本管制对SSIN的防范作用均很显著。然而，资本管制对发展中经济体SSON将产生正向作用。这在一定程度上表明当跨境资本出现大规模流出时，由于资本管制的政策信号在某种程度上强化了国际资本的看空预期，或将加速发展中经济体资本流出的风险（Bertola & Drazen，1991）。

关于汇率制度对资本急停的影响，表5-3的回归结果显示汇率稳定性越高，SSI、SSIN、SSO的发生概率下降。同样从表5-4的回归结果可以看到，汇率稳定性越高，发达经济体SSIN、SSION、SSO、SSON以及发展中经济体SSI、SSIN、SSN的发生概率下降，这说明固定汇率相较于浮动汇率在防范各类资本急停中发挥着更积极的作用。通货膨胀对于发达经济体资本急停的发生并无显著影响，而对于发展中经济体SSI和SSION产生显著的影响，并且影响的方向为负，这表明通货膨胀上升，SSI和SSION发生概率下降（见表5-4）。此研究结果表明，通货膨胀将在一定程度上增强投资者对发展中经济体景气程度的信心，吸引跨境资本（马宇和郑慧，2017）。

国际金融周期、跨境资本流动与政策效果

本章重点考察国际金融周期对资本急停的影响。从表5-3整体样本回归结果可以看到，VIX显著影响SSI、SSIN、SSION、SSO、SSN的发生，且方向为正，表明VIX的上升将增加SSI、SSIN、SSION、SSO以及SSN的发生概率。而表5-4的研究结果显示，对于发达经济体而言，VIX除对SSI的影响不显著以外，对其余各类资本急停的发生均产生重要作用。从方向上看，除SSON的符号为负以外，SSIN、SSION、SSO、SSN的符号均为正，尤其是SSION在1%的水平上显著。而对于发展中经济体，VIX对SSI、SSIN和SSION有显著的影响，且方向均为正。对比VIX对两类经济体资本急停的影响可以发现，VIX对发达经济体SSO有显著正向的影响，而对发展中经济体SSI有显著的正向影响，这表明国际金融周期进入萧条期，将导致发达经济体爆发SSO的风险增加，而发展中经济体爆发SSI的风险增加。

为了考察检验结果的稳健性，分别采用Probit模型、RR自然分类法[①] (Reinhart & Rogoff, 2004) 替代ERS汇率稳定性指标对实证结果进行稳健性检验，检验结果基本一致。表5-5报告了用RR自然分类法替换ERS指标来考察汇率稳定性对资本急停产生的影响，可以看到在更换了汇率稳定性指标之后，各变量的回归结果与表5-4基本保持一致。此外，考虑Kaopen指标对很多存在管制的发展中经济体而言可能在较长一段时间内会保持不变，或将会影响实证结果的可靠性，因此用总资本流入量替换Kaopen指标重新做了实证检验（见表5-6、表5-7）。从检验结果可以看到，在替换Kaopen指标之后，各变量回归系数的方向与原结果基本一致，再次说明回归结果的稳健性。并且无论以资本总流入（CAP_IN）还是总流出（CAP_OUT）作为资本管制代理变量，资本管制均对SSI流入驱动型的资本急停有更明显的积极作用，此结果与Kaopen指标一致。

---

① 本章采用RR自然分类中的细致分类（EXR_f）赋值1~15，数值越大表示汇率制度的弹性越高，数值越小表示汇率制度弹性越小。

表 5-5 资本急停与国际金融周期（稳健性检验）

类型	发达经济体							发展中经济体						
	SSI	SSIN	SSION	SSO	SSON	SSION	SSN	SSI	SSIN	SSION	SSO	SSON	SSION	SSN
VIX	0.023 (1.609)	0.041** (2.397)	0.065** (7.246)	0.034** (2.515)	-0.122** (-2.871)	0.052* (1.884)	0.058 (1.503)	0.033** (2.045)	0.044** (3.721)	0.062** (4.368)	0.009 (0.578)	0.018 (0.850)		
GGDP	-0.065* (-1.789)	0.001 0.025	-0.306** -11.131	0.032** 3.379	-0.110* -1.654	0.022 0.303	-0.071 (-0.974)	0.039** 3.908	-0.118** -6.188	-0.162** -6.801	0.013 (1.041)	-0.074** (-2.574)		
CPI	-0.074 (-1.350)	0.075 1.322	-0.021 -0.550	0.048 1.268	-0.028 -0.348	0.264** 2.642	-0.038 -0.639	-0.066** -2.447	-0.006 -0.612	-0.085** -3.859	-0.024 -1.432	-0.003 -0.251		
Kaopen	-0.060 (-0.4310)	0.769** 2.347	0.174 1.511	-0.106 -0.883	-0.234 -1.119	—	0.615* 1.746	0.077 0.710	0.200** 2.329	0.202* 1.892	0.155* 1.659	-0.330** -2.737		
RR	-0.008 (-0.285)	0.034 0.986	0.022 1.128	0.076** 2.630	-0.056 -1.217	0.166** 2.503	0.203 1.465	0.128** 2.889	0.043 1.397	0.086** 2.091	0.066* 1.909	-0.218** -4.773		

注：括号中为 z 统计量的值；*，**和***分别表示检验统计量在10%，5%和1%水平上统计显著。

表 5-6 资本急停与国际金融周期（资本总流入替换 Kaopen_发展中国家）

类型	SSI	SSIN	SSION	SSO	SSON	SSION	SSN
VIX	0.038* (1.90)	0.048*** (3.37)	0.054*** (3.07)	0.005 (0.26)	0.044 (2.10)		0.028 (0.57)
GGDP	0.047*** (2.79)	-0.136*** (-5.63)	-0.163*** (-5.77)	0.018 (1.21)	-0.104*** (-3.32)		-0.096 (-1.27)

续表

类型	SSI	SSIN	SSION	SSO	SSON	SSN
CPI	-0.080* (-2.39)	-0.025 (-1.61)	-0.079*** (-3.57)	-0.028 (-1.42)	-0.011 (-0.78)	-0.057 (-1.14)
CAP_IN	0.244** (2.09)	0.1073 (1.34)	0.20 (-0.21)	0.090 (1.10)	-0.307*** (2.76)	0.241 (-1.13)
ERS	-2.086** (-2.19)	-1.269*** (-2.40)	-0.289 (-0.46)	0.127 (1.10)	2.772*** (4.47)	-4.701* (-1.66)

注：括号中为 z 统计量的值；*、** 和 *** 分别表示检验统计量在 10%、5% 和 1% 水平上统计显著。

表 5-7 资本急停与国际金融周期（资本总流出替换 Kaopen_发展中国家）

类型	SSI	SSIN	SSION	SSO	SSON	SSN
VIX	0.0395** (2.17)	0.0425*** (3.09)	0.065*** (3.55)	0.005 (0.23)	0.030 (1.23)	0.030 (0.62)
GGDP	0.034*** (2.80)	-0.111*** (-5.25)	-0.164*** (-5.96)	0.011 (0.71)	-0.099*** (-2.79)	-0.15 (-1.37)
CPI	-0.041** (-1.44)	-0.003 (-0.27)	-0.092*** (-3.39)	-0.039 (-1.64)	-0.025 (-1.12)	-0.076 (-1.40)
CAP_OUT	0.198* (2.08)	-0.037 (-0.59)	0.038 (-0.40)	0.060 (0.75)	0.340* (2.50)	-0.504*** (-2.74)
ERS	-2.069** (-2.40)	-0.748 (-1.50)	-0.043 (-0.06)	0.060 (0.10)	2.219*** (3.19)	-4.822* (-1.86)

注：括号中为 z 统计量的值；*、** 和 *** 分别表示检验统计量在 10%、5% 和 1% 水平上统计显著。

5.4　国际金融周期对政策效果的影响

前面的实证结果表明，国际金融周期显著影响资本急停的发生概率，即国际金融周期进入萧条期将增大 SSION、SSI、SSIN、SSO、SSN 的发生概率。汇率波动的稳定性有助于防范 SSI、SSIN、SSO 的发生，资本管制对 SSIN 产生积极的作用。以下试图在模型（5-1）中分别加入国际金融周期与汇率稳定性、国际金融周期与资本管制的交乘项来考察国际金融周期是否对资本管制与汇率制度的政策效果产生了影响。

从表 5-8 的回归结果可以看到，国际金融周期与资本管制的交乘项（VIX×Kaopen）对发达国家 SSIN、SSO 的影响均显著为正，而对发展中经济体 SSO 的影响显著为负。这在一定程度上表明在国际金融周期的影响下资本管制对资本急停产生了调节作用。具体表现为 VIX 上升，资本管制对发达经济体 SSIN、SSO 的作用增强。而对发展中经济体而言，VIX 上升资本管制对 SSO 的作用减弱。从表 5-9 的回归结果可以看到，国际金融周期与汇率制度的交乘项（VIX×RES）对发达经济体 SSION 的系数显著为负，对发展中经济体 SSON 的系数显著为负，这表明在考虑国际金融周期的影响下，汇率的稳定性水平显著影响发达经济体 SSION 以及发展中经济体 SSON 的发生，并且表明 VIX 越高，汇率稳定对抑制资本急停的作用增强。

从检验结果可以看出，国际金融周期对资本管制与汇率制度的政策效果发挥了一定的调节作用。具体表现为当国际金融周期进入萧条期，资本管制对于发达经济体 SSIN、SSO 的抑制作用增强，而对于发展中经济体 SSO 的抑制作用减弱。然而，汇率稳定性对发达经济体 SSION、发展中经济体 SSON 的抑制作用增强。此研究结果表明随着国际金融周期进入萧条期，发达经济体资本管制的政策效果有所增强，而发展中经济体资本管制的政策效果更不理想，固定汇率在防范资本急停方面发挥着更加积极的作用。

表 5-8 国际金融周期对资本管制效果的影响

类型	发达经济体							发展中经济体						
	SSI	SSIN	SSION	SSO	SSON	SSN	SSI	SSIN	SSION	SSO	SSON	SSN		
VIX	0.017 (0.48)	-0.577 (-1.72)	0.078*** (3.12)	0.077* (1.86)	-0.1250 (-1.56)	0.062** (2.04)	-0.031* (1.71)	0.051*** (3.64)	0.053*** (3.10)	-0.023 (1.40)	0.023 (1.09)	0.262 (-1.48)		
GGDP	-0.064 (-1.79)	-0.002 (-0.07)	-0.298*** (-10.97)	0.029*** (2.95)	-0.131* (-1.85)	0.064 (0.86)	0.038*** (3.73)	-0.113*** (-5.86)	-0.151*** (-6.62)	0.014 (1.09)	-0.086*** (-2.79)	-0.053 (-0.72)		
CPI	-0.068 (-1.26)	0.081 (1.49)	0.019 (-0.47)	0.045 (1.17)	-0.029 (-0.32)	0.129 (0.96)	-0.056** (-2.18)	-0.005 (-0.50)	-0.072*** (-3.56)	-0.019 (-1.20)	-0.013 (-0.92)	-0.007 (-0.18)		
Kaopen	-0.086 (-0.22)	-3.191* (-1.70)	0.399 (1.28)	-1.174*** (-3.17)	-0.094 (-0.14)	—	0.105 (0.37)	0.467** (2.04)	-0.082 (-0.30)	0.525** (2.14)	-0.201 (0.61)	-2.324* (-2.07)		
ERS	-0.013 (-0.04)	-1.451** (-2.87)	0.460* (-1.79)	-1.156*** (-2.64)	-2.506*** (-3.14)	-0.755 (-0.85)	-1.636** (-2.53)	-1.299*** (-2.76)	-0.496 (-0.92)	-0.039 (-0.09)	2.04*** (3.68)	-5.54* (-1.84)		
VIX × Kaopen	0.003 (0.15)	0.263* (1.87)	-0.007 (-0.62)	0.054*** (2.89)	-0.001 (0.04)	—	-0.105 (1.58)	-0.012 (-1.34)	0.009 (0.87)	-0.019* (-182)	-0.020 (-1.32)	0.158 (2.11)		

注：括号中为 z 统计量的值；*、** 和 *** 分别表示检验统计量在 10%、5% 和 1% 水平上统计显著。

表5-9 国际金融周期对汇率政策效果的影响

类型	发达经济体						发展中经济体					
	SSI	SSIN	SSION	SSO	SSON	SSN	SSI	SSIN	SSION	SSO	SSON	SSN
VIX	0.024 (0.84)	0.033 (1.02)	0.110*** (6.03)	0.019 (0.68)	-0.212*** (-2.63)	0.014 (0.22)	-0.012 (-0.38)	0.037* (1.69)	0.052** (1.95)	-0.002 (-0.07)	-0.167** (-2.48)	0.032 (-0.39)
GGDP	-0.064 (-1.80)	0.032 (0.10)	-0.300*** (-10.98)	0.033*** (3.57)	-0.128* (-1.80)	0.071 (0.93)	0.036*** (3.55)	-0.112*** (-5.86)	-0.152*** (-6.65)	0.014 (1.10)	-0.102*** (-3.05)	-0.043 (-0.96)
CPI	0.068 (-1.26)	0.089 (1.62)	0.019 (-0.48)	0.054 (1.44)	-0.032 (-0.35)	0.136 (1.00)	-0.053** (-2.13)	-0.004 (-0.004)	-0.074*** (-3.60)	-0.019 (-1.18)	-0.011 (-0.80)	-0.038 (-0.64)
Kaopen	-0.031 (-0.22)	0.953*** (2.76)	0.241 (1.98)	-0.067 (-0.53)	-0.086 (-0.38)	—	0.029 (0.280)	0.184** (2.20)	0.143 (1.42)	0.116 (1.29)	-0.151 (-1.22)	0.604* (1.76)
ERS	0.029 (0.03)	-1.750 (-1.31)	1.393** (2.05)	-1.450 (-1.27)	-5.754** (-2.41)	-2.767 (-1.11)	-4.008** (-2.32)	-1.502 (-1.19)	-1.12 (-0.78)	-0.490 (-0.40)	-3.43** (-2.06)	-13.656 (-1.58)
VIX×ERS	-0.002 (-0.05)	-0.014 (-0.27)	-0.073*** (-2.96)	-0.016 (0.34)	-0.186 (1.50)	-0.078 (0.87)	-0.105 (1.58)	-0.010 (0.20)	-0.024 (0.43)	-0.025 (0.47)	-0.265*** (-1.01)	0.291 (1.14)

注:括号中为z统计量的值;*、**和***分别表示检验统计量在10%、5%和1%水平上统计显著。

5.5 结论与建议

本章基于对 31 个发达经济体和 28 个发展中经济体在 1990~2017 年发生的六类资本急停样本的详尽计算，构建 Logit 模型分别检验国际金融周期对六类资本急停产生的作用，并考察资本管制与汇率制度对各类资本急停的政策效果，检验结果如下。

（1）国际金融周期是资本急停发生的重要影响因素，且对不同经济体不同类别资本急停的发生存在差异性的影响。国际金融周期进入萧条期将增大 SSION、SSI、SSIN、SSO、SSN 的发生概率，且分别对发达经济体 SSIN、SSION、SSO、SSN，发展中经济体 SSI、SSIN 和 SSION 有显著的正向影响。因此，无论是发展中经济体还是发达经济体，国际金融周期进入萧条期对 SSIN、SSION 的发生都将产生促进作用，但分别对发达经济体 SSO、发展中经济体 SSI 的发生产生促进作用。

（2）资本管制与汇率制度作为两种应对跨境资本流动的措施，在防范资本急停方面有差异化的表现。无论对于发达经济体还是发展中经济体，资本管制对于 SSIN 均能起到一定的抑制作用，而对于 SSO、SSON 等流出驱动型资本急停而言，资本管制并非有效的政策措施。并且在国际金融周期的调节作用下，发展中经济体资本管制对 SSO 的防范效果更不理想。汇率的稳定性对防范各类资本急停均有显著的政策效果，并且在国际金融周期的调节下其政策效果增强。

基于本书的研究结论得到以下政策建议。

（1）在国际金融周期进入萧条期，无论是发达经济体还是发展中经济体，均应防范 SSI、SSION 的发生。而与此同时，发达经济体要警惕总流出口径资本大规模流出引发的 SSO，发展中经济体要关注总流入口径资本大规模减少引发的 SSI。由于资本急停的发生会对产出造成巨大冲击，且流入驱动型资本急停对产出的影响更大（Callavo et al., 2015）。因此，当国际金融周期进入萧条期,发展中经济体对 SSI、SSIN 的防范显得尤为重要。

(2)汇率制度安排仍然是各国防范跨境资本大规模流动的有效方案。稳定的汇率制度是更能改善资本急停问题的方法(Calvo & Reinhart,2002)。特别是发展中经济体企业与金融机构对汇率风险的抵抗能力有限,相对稳定的汇率制度可以降低微观主体对该国汇率波动风险的不确定性预期,从而减少大规模跨境投资活动。因此,在国际金融周期背景下汇率制度仍然可以作为影响资本流动方向与规模的政策手段。

(3)资本管制是防范流入驱动型资本急停的有效手段,而并非是应对流出驱动型资本急停的明智之举。无论对于发达经济体还是发展中经济体,资本管制均是 SSIN 的有效手段。然而对于发展中经济体而言,资本管制对于 SSO、SSON 等流出驱动型的资本急停未必能达到预期的效果,并且在国际金融周期的影响下,资本管制对此类资本急停的效果更加差强人意。这是由于当跨境资本出现大规模流出时,资本管制的政策信号在某种程度上强化了国际投资者的看空预期,或将加速跨境资本流出,从而引发流出驱动型资本急停。

第6章

锚定美元、资本急停与产出效应

美国无上限量化宽松货币政策引发全球"去美元化"浪潮和国际资本无序流动风险，探讨锚定美元的汇率制度在外部冲击中发挥的作用是各国政府面临的重要问题。本章利用 31 个发达经济体和 28 个发展中经济体 1990～2019 年的季度样本数据实证检验六类资本急停产出效应的方向和程度，重点考察锚定美元是否在其中发挥了调节作用，并利用中介模型对锚定美元影响资本急停产出效应的中介渠道进行分析。研究结果表明，无论是发达经济体还是发展中经济体发生 SSION 均会产生显著的负向产出效应，而发展中经济体发生 SSIN 的负向产出效应也很显著。锚定美元对发展中经济体 SSIN、SSION 负向产出效应发挥了显著的正向调节作用，经常项目是发展中经济体锚定美元影响 SSIN、SSION 负向产出效应的中介渠道。本章的研究结果对各国稳步推进汇率制度改革，防范资本急停负向产出效应，提供有价值的政策依据。

6.1 "去美元化"浪潮

近年来，美国频繁利用美元在国际货币体系中的地位对外围国实施金融制裁。为摆脱对美元的依赖，各国纷纷开始制定"去美元化"政策。而2019年底新冠肺炎疫情暴发，美国采取无上限量化宽松政策更是激起了全球"去美元化"浪潮。当前，已有中国、俄罗斯、德国、英国等50多个国家以不同形式加入"去美元化"浪潮中。除降低美债、放弃美元支付以及美元储备之外，"去美元化"汇率制度改革也是"去美元化"进程中重要环节。自2019年底，人民币双向波动趋势体现出我国推进"去美元化"汇率体制改革的坚定步伐。然而，理性认知锚定美元在稳定产出冲击中发挥的作用，对发展中经济体在"去美元化"背景下稳步推进汇率体制改革意义重大。另外，全球"去美元化"浪潮引发国际资本无序流动风险，资本急停作为跨境资本异常流动的典型形式对产出造成冲击。因此，以资本急停为切入点，研究锚定美元在资本急停产出冲击中的表现，对各国在"去美元化"进程中防范资本急停负向产出冲击提供针对性的政策支持，具有重要的现实意义。

从"固定汇率死亡"（Regoff & Obstfled，1995）到"原罪论"（Eichengreen & Hausmann，1999）再到"害怕浮动"（Calvo，2000），发展中经济体在面临外部冲击时采取何种汇率制度一直是国际金融领域研究的焦点问题。而在当前全球"去美元化"背景下，再次审视汇率制度，尤其是锚定美元的汇率制度在经济稳定中发挥的作用，不仅具有重要的现实意义，也是对理论研究焦点问题的科学论证。而资本急停作为外部冲击的特殊形式，自多恩布什和温勒（Dornbusch & Werner，1994）最早提出并用以解释墨西哥问题以来，目前已形成包括概念、影响机制以及产出冲击等内容的研究框架。但关于资本急停对产出影响的方向和程度，以及关于何种汇率制度，尤其是锚定美元汇率制度在资本急停产出冲击中的表现尚未有一致的研究结论。因此，研究锚定美元对资本急停产出冲击的影响，具有一定的理论价值。

6.2 锚定美元与资本流动

20世纪90年代,发展中经济体金融危机频发,学者们开始关注外部冲击条件下的汇率制度选择问题,研究结果表明,锚定汇率制与经济稳定并无显著经验关系(Flood & Rose,1998;Eichengreen,1998;Edwards,1998)。但由于锚定汇率传递时滞较长,可以显著缓解国际市场波动对本国经济稳定的影响(刘思跃和叶苹,2011),因此,锚定汇率制对于经济发展水平较低的国家是明智的选择(Calvo & Reinhart,2000a)。王信和林艳红(2007)对美元化的典型案例阿根廷的研究表明,20世纪90年代阿根廷采取以美元作为锚货币的固定汇率制较好地应对了国内恶性通货膨胀、大规模资本流动等问题。锚定美元对于发展中经济体而言,可以缓解价格扭曲并提高金融市场的运行效率。但与此同时,也增加了金融系统风险,降低了货币政策效果(Kokenyne et al.,2010)。因此,也有部分学者认为浮动汇率更优。爱德华兹和耶亚提(Edwards & Yeyati,2003)认为,实行浮动汇率制的国家在面临外部冲击时更有利于产出恢复,并且对长期经济增长有益。此外,还有一部分研究认为冲击因素来源不同决定汇率制度的选择:当冲击因素来源于国内则应采取锚定汇率,若来源于国外则应采取浮动汇率(姜波克,2001)。2008年金融危机之后,学术界再次掀起关于汇率制度在面临外部冲击时发挥作用的激烈讨论。雷伊(Rey,2015)认为,全球资本流动呈现周期性运行特征,因此,浮动汇率并不能缓解外部冲击对各国产生的影响。艾森曼等(Aizenman et al.,2016)的实证研究表明,虽然金融危机过后发展中经济体和发达经济体之间的利率相关性提高了,但浮动汇率仍然能有效减少这种相关性。奥布斯特费尔德等(Obstfeld et al.,2018)研究结果进一步表明,浮动汇率能够减弱外部冲击对国内信贷增长、资产价格和金融部门杠杆率的影响,从而稳定产出水平。

第6章 锚定美元、资本急停与产出效应

资本急停是外部冲击的典型形式，对产出造成的影响主要通过以下机制实现，分别是凯恩斯效应机制（Calvo & Reinhart，2000）、债务通缩与金融摩擦机制（Kiyotaki & Moore，1995）、合约执行力和道德风险机制（Schneider & Tornell，2004）等。也有研究认为，资本急停对产出不产生直接影响，只是通过银行危机传导到实体经济（Joyce & Nabar，2009；梁权熙和田存志，2011）。早期绝大部分的实证研究支持资本急停对产出造成负向效应的研究结论（Calvo，2003；Kehoe & Ruhl，2009；Cavallo et al.，2015）。而随着资本流动领域更关注总量细分口径的研究，资本急停对产出影响的实证检验结果出现差异化的研究结论。黄宪等（2019）认为，有对外直接投资增加的资本急停会带来产出的增加。而程立燕和李金凯（2021）认为，资本流入大规模减少会抑制产出增长，而资本流出大规模增加对产出增长没有显著的影响。另外，资本急停领域关注美元化问题的研究大多将视角集中于债务美元化对资本急停产出效应的影响，关于锚定美元汇率制度对资本急停产出效应影响的研究较少。卡尔沃等（Calvo et al.，2006）指出，资本急停往往伴随着美元实际汇率升值，对债务美元化国家造成严重的负向产出效应。卡尔沃（Calvo，2004）运用1990~2001年的数据论证由于发展中经济体高美元债务，因此，发生资本急停的发展中经济体有63%的概率会发生金融危机，而发生资本急停的发达经济体只有17%概率会发生金融危机。吉多蒂等（Guidotti et al.，2004）认为，相比锚定美元的固定汇率，浮动汇率更有助于资本急停的产出恢复。而卡尔沃和莱因哈特（Calvo & Reinhart，2000a）认为，由于发展中经济体金融市场发展不完善，锚定美元才是改善资本急停负向产出效应的方法，国内学者也得出了相似的研究结论（李芳等，2018；胡小文，2019）。

从文献的梳理可以看到，关于何种汇率制度对经济稳定有更好的表现尚未有定论，而资本急停对产出的影响方向以及汇率制度在其中的表现也莫衷一是。因此，本章基于31个发达经济体和28个发展中经济体1990~2019年的六类资本急停样本，实证检验六类资本急停对产出的影响，重点考察锚定美元的汇率制度在不同类别资本急停产出效应中的表现，分析锚定美元影

响资本急停产出效应的中介渠道。本章的研究在一定程度上解释了不同类别资本急停对不同经济体产出存在差异化影响的原因,考察锚定美元在其中发挥的作用以及渠道,具有一定的理论意义和政策价值。本章具体可能在以下两个方面做出贡献。

第一,考察不同经济体锚定美元对不同类别资本急停产出效应的影响,完善关于汇率制度与经济稳定议题的相关研究,特别是为发展中经济体稳步推进汇率制度改革,防范资本急停负向产出效应提供政策支持。第二,阐明锚定美元汇率制度影响资本急停产出效应的中介渠道,在一定程度上弥补了相关文献关于汇率制度对资本急停产出效应影响机制研究的不足,丰富资本急停理论研究。

6.3 锚定美元在资本急停产出波动中的特征观察

6.3.1 资本急停样本计算

为详尽考察锚定美元对总量口径不同类别资本急停产出冲击的影响,本章采用卡瓦洛等(Cavallo et al.,2015)提出的资本急停分类及计算方法,将资本急停划分为六类:SSI(总流入型资本急停)、SSO(总流出型资本急停)、SSN(净流入型资本急停)、SSIN(总流入且净流入型资本急停)、SSON(总流出且净流入型资本急停)、SSION(总流入且总流出且净流入型资本急停)。计算资本急停的原始数据来源于 IFS 数据库。具体样本数据如表6-1、表6-2所示。

第6章 锚定美元、资本急停与产出效应

表6-1 资本急停样本（发达经济体）

经济体	资本急停时间及类型	经济体	资本急停时间及类别	经济体	资本急停时间及类别	经济体	资本急停的时间及类别
澳大利亚	1997Q1－1998Q2（SSION），2003Q1－2003Q3（SSO），2005Q1－2005Q4（SSION），2012Q1－2012Q4（SSO），2016Q1－2016Q4（SSON），2018Q4（SSN），2019Q1－2019Q2（SSN）	丹麦	1992Q1－1993Q2（SSION），1994Q3－1995Q3（SSIN），2001Q1－2002Q2（SSIN），2004Q1－2004Q3（SSI），2008Q4－2009Q4（SSION），2015Q4－2016Q1（SSI），2018Q3－2018Q4（SSI），2019Q4（SSO）	日本	2008Q3－2009Q4（SSION）	新加坡	2008Q2－2009Q3（SSION），2015Q3－2016Q2（SSION），2019Q2－2019Q4（SSN）
加拿大	1991Q2－1991Q4（SSI），1993Q2－1993Q3（SSION），1995Q1－1996Q1（SSI），1997Q4－1998Q3（SSI），2008Q2－2009Q4（SSION），2018Q1－2018Q3（SSI），2019Q4（SSO）	爱沙尼亚	2000Q1－2000Q3（SSN，SSO），2005Q2－2006Q2（SSI），2008Q2－2009Q4（SSION），2015Q4－2016Q1（SSI）	希腊	2006Q1－2006Q4（SSION），2010Q2－2011Q2（SSION）	斯洛伐克	2005Q4－2006Q2（SSI），2006Q1－2007Q3（SSI），2012Q1－2012Q4（SSI），2016Q3－2017Q1（SSO）
中国香港地区	2008Q3－2009Q3（SSION），2018Q4－2019Q1（SSN）	芬兰	2015Q1－2016Q1（SSI），1991Q1－1992Q3（SSI），2000Q1－2002Q2（SSO），2009Q2－2009Q4（SSION），2012Q3－2013Q3（SSION）	冰岛	2008Q1－2009Q4（SSION），2016Q4－2017Q3（SSI），2018Q3－2019Q2（SSO）	斯洛文尼亚	2008Q3－2009Q3（SSION），2015Q2－2016Q2（SSION）
塞浦路斯	2008Q4－2010Q3（SSION），2019Q1－2019Q4（SSO）	法国	1991Q1－1992Q4（SSION），2001Q4－2002Q3（SSI），2008Q1－2009Q4（SSION），2019Q1－2019Q2（SSN）	以色列	1991Q1－1991Q4（SSO），1995Q1－1995Q4（SSO），1998Q2－1998Q4（SSI），2001Q2－2002Q2（SSI），2007Q3－2009Q3（SSION），2011Q3－2012Q4（SSI）	西班牙	1994Q1－1995Q1（SSO），2006Q4－2007Q2（SSO），2008Q2－2009Q4（SSION），2015Q1－2016Q1（SSO）

续表

经济体	资本急停时间及类型	经济体	资本急停时间及类别	经济体	资本急停时间及类别	经济体	资本急停时间及类别
捷克	2001Q1-2000Q4 (SSN, SSO), 2001Q4-2002Q4 (SSN, SSO), 2003Q2-2004Q1 (SSI), 2006Q1-2006Q4 (SSION), 2008Q4-2009Q4 (SSION), 2017Q3-2018Q2 (SSION), 2018Q3-2018Q4 (SSIN)	德国	1994Q1-1995Q1 (SSIN), 2000Q3-2002Q3 (SSI), 2008Q2-2009Q3 (SSION)	意大利	1991Q3-1992Q2 (SSIN), 1992Q4-1993Q3 (SSION), 2000Q3-2002Q3 (SSI), 2007Q3-2009Q3 (SSION)	瑞典	1996Q4-1997Q3 (SSI), 2000Q2-2002Q3 (SSIN, SSO), 2008Q3-2009Q4 (SSION), 2014Q4-2015Q3 (SSION), 2017Q1 (SSO), 2017Q2-2017Q4 (SSION), 2018Q1 (SSN)
韩国	1991Q2-1991Q4 (SSO), 1997Q2-1998Q4 (SSION), 2008Q2-2009Q3 (SSION), 2015Q2-2016Q3 (SSON), 2016Q4-2017Q2 (SSO)	马耳他	2008Q2-2009Q4 (SSION), 2017Q1-2017Q4 (SSO)	荷兰	1990Q4-1992Q1 (SSIN), 1993Q2-1993Q3 (SSO), 1998Q2-1998Q4 (SSI), 2001Q1-2002Q3 (SSO), 2002Q1-2002Q4 (SSION), 2008Q1-2009Q3 (SSI), 2016Q3-2017Q1 (SSN), 2017Q2-2019Q2 (SSI)	瑞士	2008Q1-2009Q3 (SSION), 2018Q1-2019Q3 (SSI)
新西兰	2008Q2-2009Q2 (SSIN), 2011Q4-2012Q3 (SSO)	挪威	1991Q1-1992Q2 (SSI), 1997Q4-1998Q1 (SSI), 1999Q1-1999Q3 (SSO), 2001Q3-2002Q2 (SSI), 2007Q2-2008Q2 (SSION), 2009Q1-2010Q1 (SSO), 2016Q2-2016Q4 (SSN)	葡萄牙	1991Q4-1992Q3 (SSIN), 1993Q3-1993Q3 (SSI), 1996Q1-1996Q4 (SSO), 1999Q3-1999Q4 (SSION), 2002Q3-2003Q2 (SSI), 2004Q4-2005Q2 (SSI), 2010Q4-2012Q1 (SSION)	美国	1990Q1-1990Q4 (SSO), 1997Q1-1999Q1 (SSN), 1998Q1-1999Q1 (SSIN), 2001Q3-2002Q2 (SSIN), 2008Q1-2009Q2 (SSION)
英国	1991Q2-1992Q2 (SSION), 2001Q3-2002Q3 (SSN), 2008Q1-2009Q3 (SSION), 2016Q3-2017Q1 (SSO)						

注:"1997Q1~1998Q2"表示1997年第一季度~1998年第二季度,本表余同。

表6-2 资本急停样本（发展中经济体）

经济体	资本急停时间及类别	经济体	资本急停时间及类别	经济体	资本急停时间及类别
阿根廷	1990Q1-1990Q3 (SSIN)、1998Q3-1999Q3 (SSON)、2000Q4-2002Q2 (SSI)、2008Q2-2009Q4 (SSIN)、2009Q1-2010Q2 (SSO)、2017Q4-2018Q1 (SSO)、2018Q3 (SSON)、2018Q4 (SSION)、2019Q1-2019Q4 (SSIN)	白俄罗斯	2005Q3-2006Q1 (SSO)、2008Q2-2009Q3 (SSION)、2012Q1-2013Q1 (SSIN)、2018Q1 (SSO)	菲律宾	1992Q1-1992Q3 (SSIN, SSN)、1997Q3-1998Q2 (SSION)、2008Q1-2008Q4 (SSION)、2015Q3-2016Q2 (SSO)、2019Q4 (SSIN)
巴西	1991Q4-1992Q3 (SSO)、1994Q3-1995Q1 (SSI, SSIN)、1997Q2-1998Q1 (SSO)、1998Q3-1999Q2 (SSIN)、2007Q4-2008Q2 (SSO)、2009Q1-2009Q2 (SSI)	保加利亚	2001Q4-2002Q4 (SSON)、2005Q4-2006Q1 (SSO)、2007Q3-2008Q1 (SSIN)、2008Q4-2010Q1 (SSIN)、2010Q1 (SSO)、2012Q2-2012Q3 (SSO)、2015Q3-2016Q2 (SSI)	罗马尼亚	2000Q1-2001Q1 (SSIN)、2006Q1-2006Q4 (SSIN)、2006Q4-2007Q2 (SSO)、2008Q3-2009Q3 (SSION)、2009Q1-2009Q4 (SSION)、2013Q3-2014Q2 (SSI, SSIN)、2019Q4 (SSO)
哥伦比亚	2011Q3-2012Q4 (SSI, SSIN)、2012Q3-2013Q2 (SSON)	哥斯达黎加	2009Q1-2009Q4 (SSIN)、2014Q3-2015Q3 (SSION)	俄罗斯	2001Q3-2002Q2 (SSO)、2008Q3-2009Q4 (SSIN)、2009Q2-2010Q3 (SSION)、2014Q1-2015Q2 (SSI)
萨尔瓦多	2008Q1-2008Q3 (SSON)、2009Q1-2010Q1 (SSI, SSN)、2015Q2-2015Q4 (SSO)、2016Q2-2016Q3 (SSO)、2019Q4 (SSO)	格鲁吉亚	2009Q1-2009Q4 (SSION)、2018Q4-2019Q2 (SSI)	南非	1998Q4-1999Q3 (SSION)、2000Q1-2001Q2 (SSO)、2008Q3-2009Q2 (SSO)、2015Q3-2018Q1 (SSO)、2017Q3-2018Q1 (SSO)、2019Q2 (SSN)

续表

经济体	资本急停时间及类别	经济体	资本急停时间及类别	经济体	资本急停时间及类别	经济体	资本急停时间及类别
印度尼西亚	1997Q3–1998Q4 (SSO), 2006Q3–2007Q1 (SSIN), 2011Q4–2012Q3 (SSIN), 2015Q2–2016Q2 (SSI), 2017Q4–2018Q3 (SSO)	约旦	1990Q1–1990Q4 (SSO), 1991Q3–1992Q3 (SSO), 1992Q2–1993Q3 (SSN, SSION), 2001Q4–2003Q1 (SSO), 2007Q3–2008Q4 (SSION), 2012Q1–2012Q3 (SSIN)	哈萨克斯坦	2007Q4–2008Q4 (SSION, SSIN), 2015Q1–2016Q1 (SSI, SSIN), 2017Q2–2019Q1 (SSN)	泰国	1991Q4–1993Q1 (SSIN), 1996Q2–1997Q2 (SSION), 2006Q4–2007Q2 (SSI), 2008Q1–2009Q1 (SSION), 2015Q1–2016Q1 (SSO)
拉脱维亚	2005Q2–2006Q1 (SSO), 2008Q2–2009Q2 (SSION), 2015Q2–2016Q1 (SSION), 2018Q3–2018Q4 (SSI)	立陶宛	2008Q3–2009Q3 (SSION), 2018Q4 (SSI), 2019Q1–2019Q4 (SSIN)	墨西哥	1992Q2–1993Q1 (SSON), 1994Q3–1995Q4 (SSIN), 2006Q3–2007Q2 (SSION), 2014Q2–2015Q1 (SSN)	乌拉圭	2010Q4–2011Q4 (SSO), 2014Q3–2016Q3 (SSI, SSIN)
巴基斯坦	1992Q1–1992Q3 (SSO), 1994Q1–1994Q3 (SSO), 1998Q2–1999Q3 (SSIN, SSN), 2001Q3–2002Q3 (SSO), 2008Q1–2009Q2 (SSIN, SSN), 2013Q3–2014Q2 (SSO), 2019Q2–2019Q3 (SSIN), 2019Q4 (SSN)	巴拿马	2008Q3–2009Q4 (SSION), 2016Q1–2016Q4 (SSION), 2018Q3–2019Q2 (SSO)	秘鲁	1998Q3–1999Q4 (SSI), 2007Q4–2008Q4 (SSO), 2008Q4–2009Q3 (SSIN, SSN), 2015Q3–2016Q3 (SSO)	委内瑞拉	2006Q2–2006Q4 (SSO), 2008Q4–2009Q4 (SSON)

注:"1990Q1~1990Q3"表示1990年第一季度~1990年第三季度,本表余同。

6.3.2 典型国家的数据分析

根据资本急停样本的丰富性，分别选择发达经济体加拿大、以色列，发展中经济体智利、南非进行数据特征观察。对两个发展中经济体的数据观察可以发现，首先，可以看到智利和南非在样本期间内发生了多种类型的资本急停，且经历了大幅度的产出波动。如图6-1所示，在1997年东南亚金融危机期间，智利发生了SSI，且带来了产出的下降。而同一时期南非发生了SSION和SSO，产出却有上升。在2008年金融危机期间，智利发生了SSO、SSIN和SSN，产出大幅下降，同一时期南非发生了SSIN，也经历了产出的下降。而在2015年、2016年南非发生了SSION，产出显著下降，而智利发生了SSO，产出却有上升。其次，南非在1990~1999年实行锚定美元的汇率制度，而在1998~1999年和2015~2016年均发生了SSION，但可以观察到在1998~1999年产出上升，而在2015~2016年产出下降。

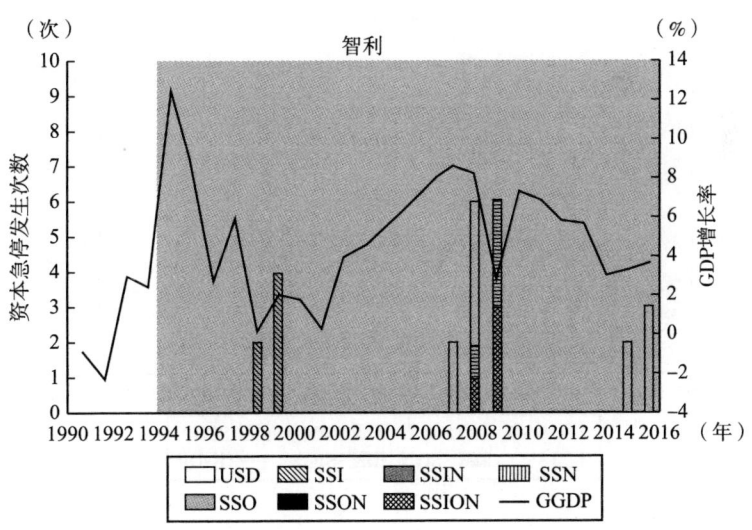

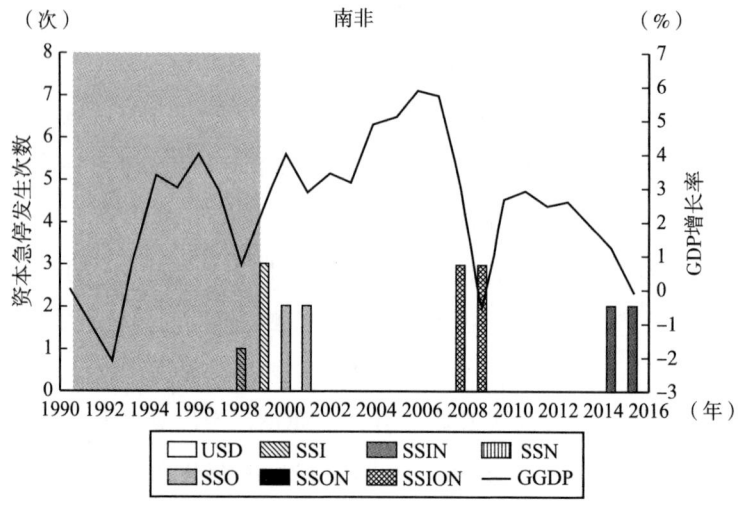

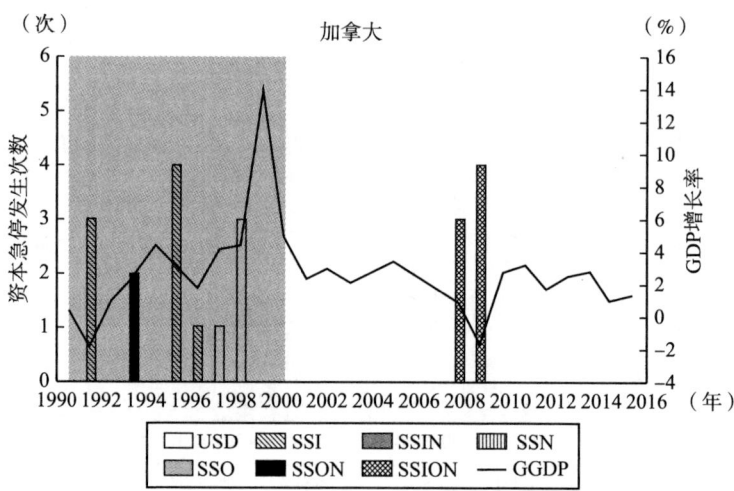

第6章 锚定美元、资本急停与产出效应

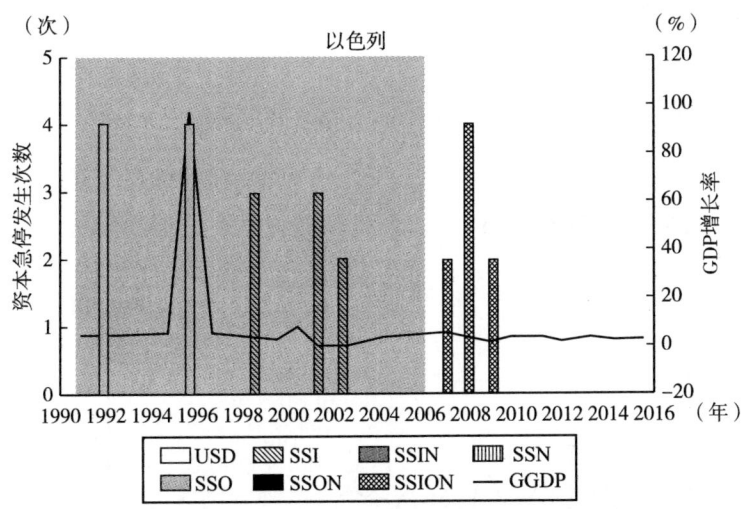

图6-1 资本急停、是否锚定美元与GDP增长率

注：阴影部分表示在此时间区间内锚定美元，非阴影部分表示不锚定美元。
资料来源：资本急停数据和GDP增长率由作者根据IFS数据库整理计算得到，是否锚定美元的数据来源于Ilzetzki（2021）。

而对加拿大、以色列的数据样本可以发现，此两个国家在样本区间内也发生了多种类型的资本急停，但与发展中经济体相比，除特别年份外，经济变动幅度较小。加拿大在1997~1998年发生了SSO、以色列在1991年发生了SSO，均伴随着产出的上升。而加拿大在1995~1996年发生了SSI，以色列在1998年、2001~2002年发生了SSI，且均伴随着产出的下降。并且，2008~2009年金融危机期间，两个国家均发生了SSION，且都带来了产出的下降。

从对典型国家的数据分析可以看到，首先，不同类别资本急停与产出波动的相关关系并不一致，不同类别资本急停对产出波动的影响有待检验；其次，从数据的直观观察中可以看到，锚定美元可能在缓解资本急停带来的产出冲击中发挥了积极的作用，此假设的合理性有待检验。

6.3.3 整体样本数据分析

为进一步观察锚定美元、资本急停与产出增长之间是否存在关联性特征，分别对发达经济体和发展中经济体样本1990年第一季度至2019年第四季度各时期锚定美元的经济体个数、平均GDP增长率和六类资本急停发生次数绘制成图6-2和图6-3。

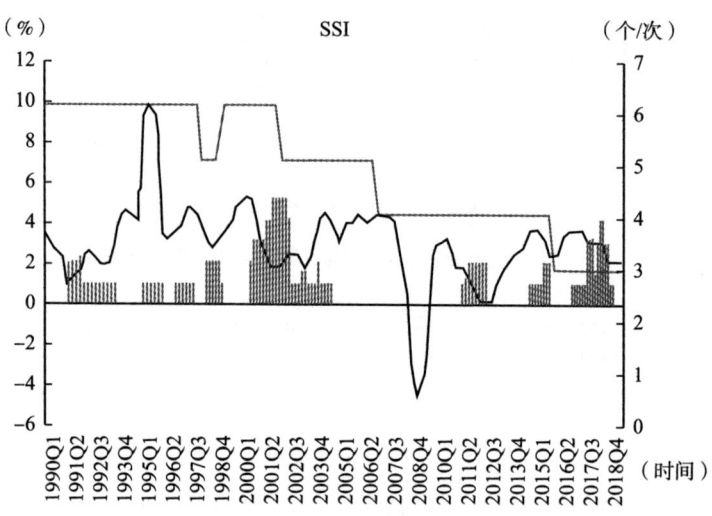

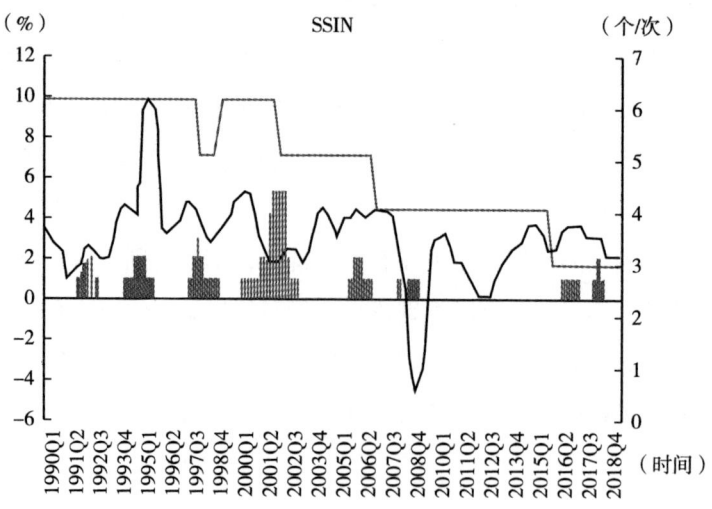

第6章 锚定美元、资本急停与产出效应

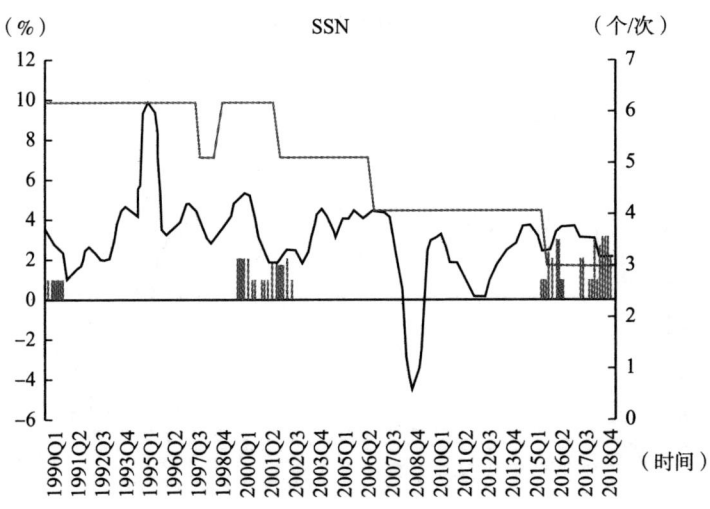

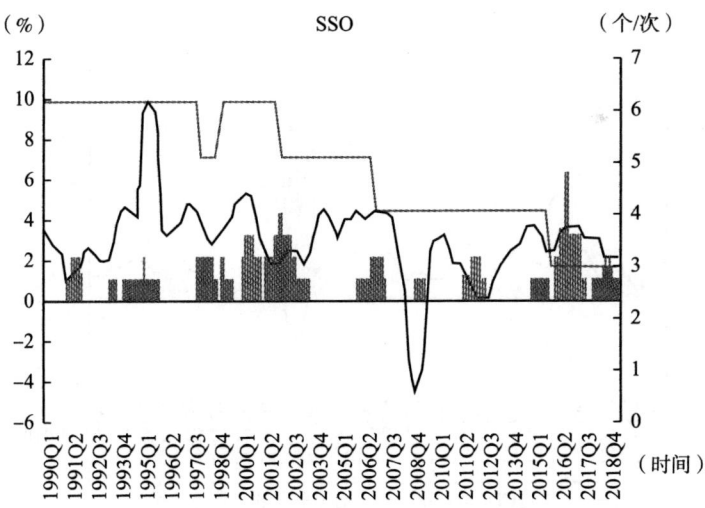

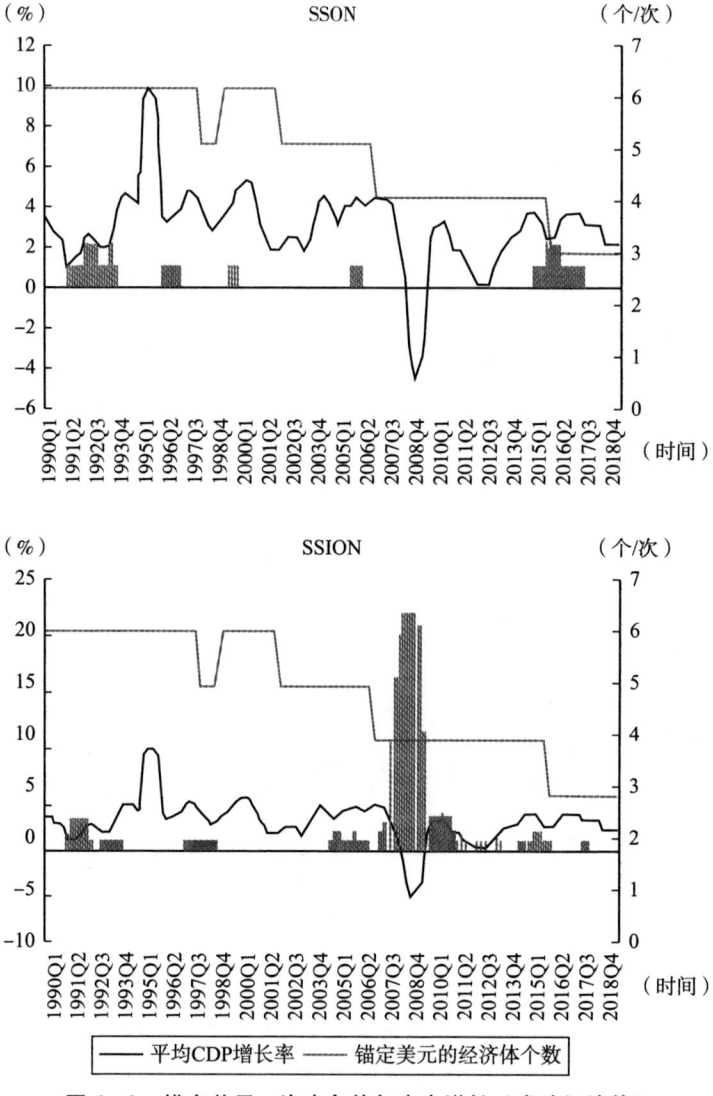

图6-2 锚定美元、资本急停与产出增长（发达经济体）

第6章 锚定美元、资本急停与产出效应

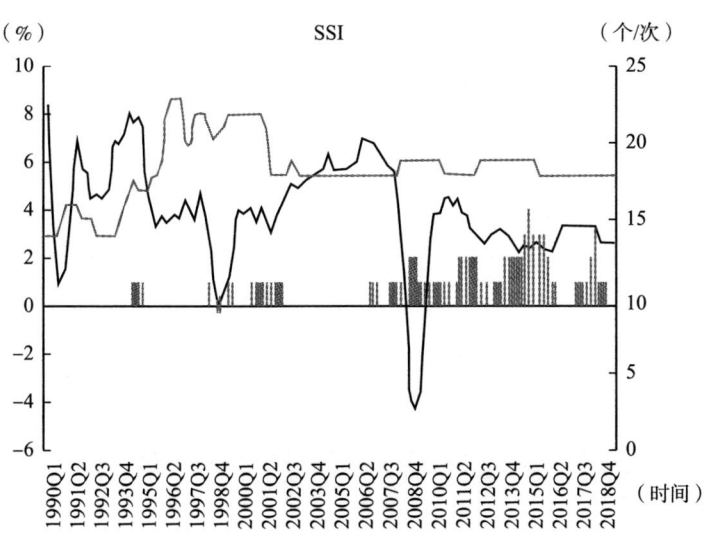

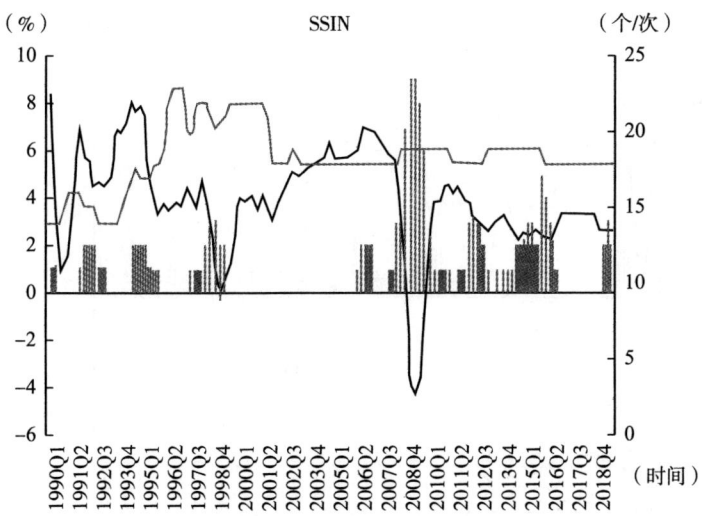

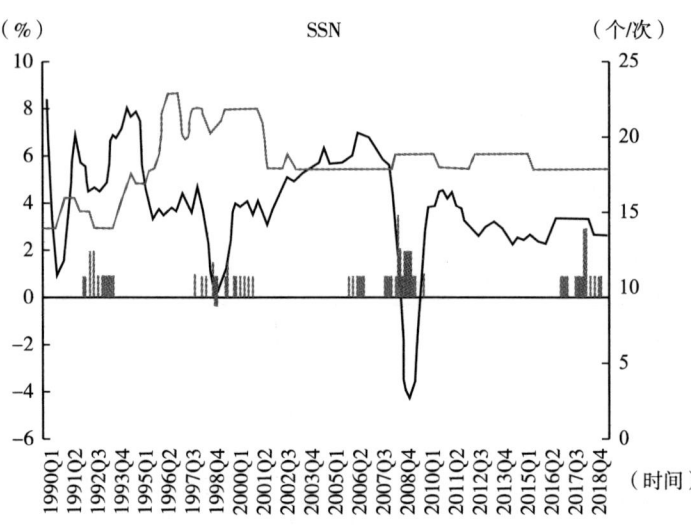

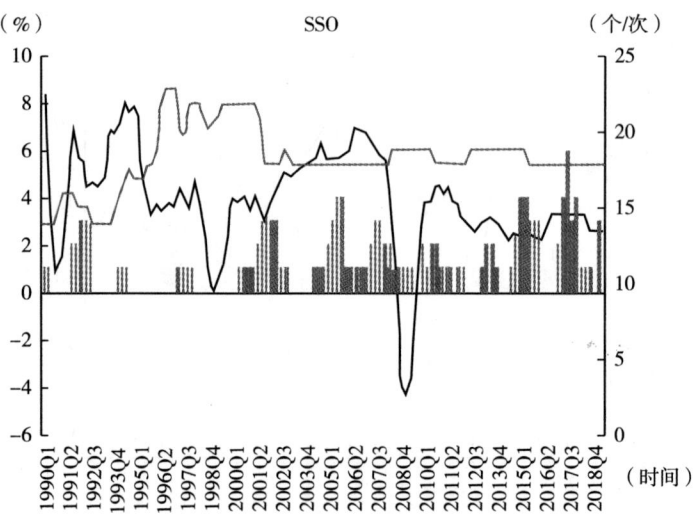

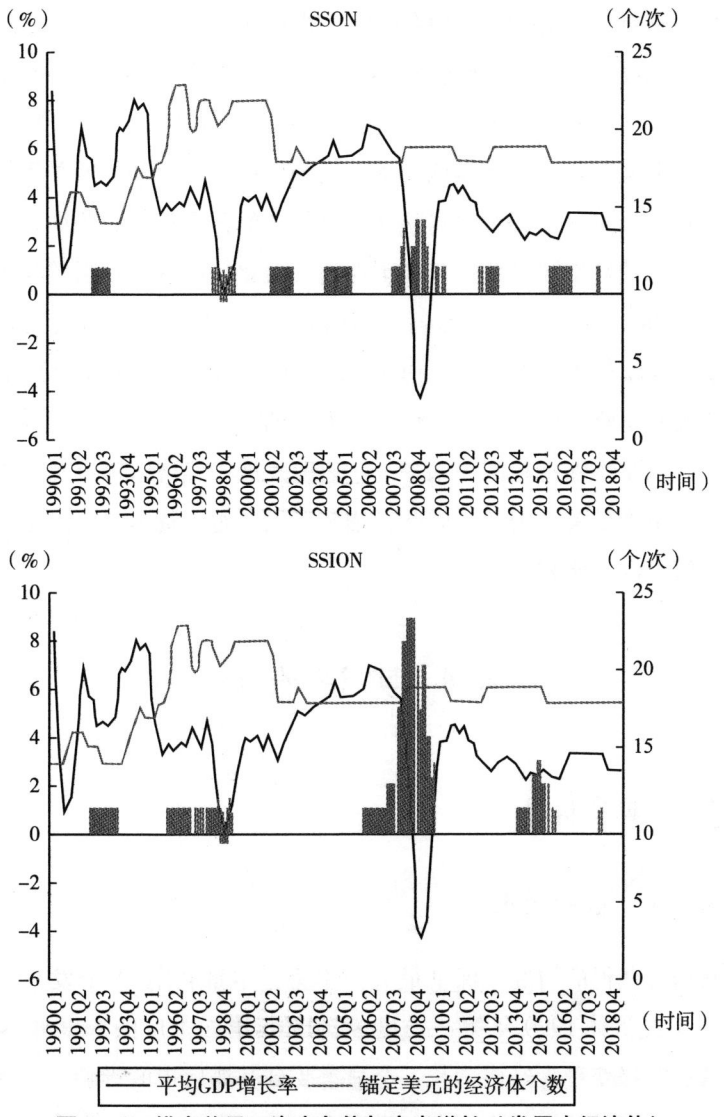

图6-3 锚定美元、资本急停与产出增长（发展中经济体）

注：锚定美元的经济体个数代表相应时期锚定美元的样本个数。平均GDP增长率代表样本国家的GDP平均增长率，用以衡量产出增长。

资料来源：GDP增长率的数据来源于IFS，是否与美元挂钩的数据来源于Ilzetzki（2021）（详见6.3节的数据说明）。

对样本数据观察可以发现，首先，无论对于发达经济体还是发展中经济体，各类资本急停在样本区间内均有分布，且SSION、SSON、SSI、SSIN、

SSO、SSN 发生的大部分时期均伴随着产出下降。然而，从资本急停与产出增长的相关程度上看，发展中经济体资本急停与产出下降的关系特征更加明显。其次，发达经济体锚定美元的经济体数量在期间内基本呈现下降趋势，在一定程度上表明发达经济体锚定美元的倾向在逐年下降。但并不能看出锚定美元分别与资本急停、产出增长之间有显著的关系特征。然而，发展中经济体锚定美元的样本国家数量与产出增长的变化特征具有较强的相关性，例如：1990~2001 年，发展中经济体产出波动较大的时期，锚定美元的经济体数量也呈现出较大的变动性。而 2002~2019 年，除 2008 年金融危机期间产出经历大幅下降之外，其余年份没有太大的波动，而锚定美元的经济体数量在同一时期基本保持在同一水平。这表明发展中经济体锚定美元的汇率制度安排与产出增长关系密切，因此，锚定美元是否对资本急停产出效应产生了影响，值得深入研究。

6.4 实证检验

6.4.1 模型构建

6.4.1.1 基础模型

在数据可获得的情况下保证最大样本量，本章利用 31 个发达经济体和 28 个发展中经济体 1990 年第一季度~2019 年第四季度的季度样本数据[①]。由于本章被解释变量为经济增长，会显著受到其滞后项的影响，考虑构建动态面板数据模型。并且，为探究六类资本急停对产出的影响方向及程度并考

---

① 31 个发达经济体包括：澳大利亚、奥地利、加拿大、中国香港地区、塞浦路斯、捷克、丹麦、爱沙尼亚、芬兰、法国、德国、希腊、冰岛、爱尔兰、以色列、意大利、日本、韩国、马耳他、荷兰、挪威、葡萄牙、新加坡、斯洛伐克、斯洛文尼亚、西班牙、瑞典、瑞士、英国、美国。28 个发展中经济体包括：阿根廷、白俄罗斯、伯利兹、巴西、保加利亚、智利、哥斯达黎加、克罗地亚、萨尔瓦多、格鲁吉亚、匈牙利、印度尼西亚、哈萨克斯坦、拉脱维亚、墨西哥、巴基斯坦、巴拿马、秘鲁、菲律宾、罗马尼亚、俄罗斯联邦、南非、乌拉圭、委内瑞拉、玻利维亚。由于锚定美元的样本区间限制，因此以 1990 年第一季度~2019 年第四季度作为样本区间。

察锚定美元对资本急停产出效应的影响,加入锚定美元与资本急停的交互项,构建以下模型:

$$GGDP_{it} = \alpha_0 GGDP_{i(t-1)} + \alpha_1 SS_{itj} + \alpha_2 USD_{it} + \alpha_3 SS_{itj} \times USD_{it} + \gamma CV_{it} + l_i + \upsilon_t + \varepsilon_{it} \quad (6-1)$$

其中,$GGDP_{it}$为被解释变量,表示 i 经济体在 t 时期的产出增长;$GGDP_{i(t-1)}$为产出增长的滞后一阶;SS_{itj}为资本急停,若 i 经济体在 t 时期发生 j 类型的资本急停,则 $SS_{itj}=1$,否则 $SS_{itj}=0$;USD_{it}为锚定美元代理变量,若 i 经济体在 t 时期实施锚定美元的汇率制度,则 $USD_{it}=1$,否则 $USD_{it}=0$;$SS_{itj} \times USD_{it}$为资本急停与锚定美元的交互项;CV_{it}表示所有控制变量;l_i表示控制个体固定效应;υ_t表示控制时间固定效应;ε_{it}为残差项。常用的动态面板数据模型的估计方法包括:广义矩估计(GMM)和纠偏最小二乘估计(LSDVC)。由于 LSDVC 要求各解释变量严格外生,这对于本章模型中选择的宏观变量而言条件过于严格。因此,本章采用 One-step 系统 GMM 模型进行参数估计①。

6.4.1.2 中介模型

为实证检验锚定美元影响资本急停产出效应的传导机制,本章重点考察经常项目中介效应②。由于经常项目显著受到其滞后期的影响,与资本流动可能存在内生性关系,参考成学真和龚沁宜(2020)的研究,基于温忠麟等(2004)、柳士顺和凌文辁(2009)等的中介效应检验方法,同样利用 One-step GMM 估计方法考察锚定美元影响资本急停产出效应的中介渠道。具体模型如下:

$$CA_{it} = \beta_0 CA_{i(t-1)} + \beta_1 SS_{itj} + \beta_2 USD_{it} + \beta_3 SS_{itj} \times USD_{it} + \phi CV_{it} + l_i + \upsilon_t \quad (6-2)$$

---

① 本章基于 31 个发达经济体和 28 个发展中经济体 1990~2019 年的季度样本面板数据,而 GMM 模型更适用于 N 大 T 小的样本。为检验模型的适用性,本章在稳健型检验部分采用了年度数据进行了再检验,检验结果基本一致。综合考虑 GMM 模型在解决内生性问题时更优,故而选择 GMM 模型。

② 理论阐述见本章 6.5 节。

$$\mathrm{GDP}_{it} = \chi_0 \mathrm{GDP}_{i(t-1)} + \chi_1 \mathrm{SS}_{itj} + \chi_2 \mathrm{USD}_{it} + \chi_3 \mathrm{SS}_{itj} \times \mathrm{USD}_{it} + \chi_4 \mathrm{CA}_{it}$$
$$+ \varphi \mathrm{CV}_{it} + l_i + \upsilon_t \quad (6-3)$$

其中，CA_{it} 和 $\mathrm{CA}_{i(t-1)}$ 分别表示 i 国在 t 时期和 t-1 时期的中介变量经常项目。其余变量与模型（6-1）描述一致。依据温忠麟等（2004）、柳士顺和凌文辁（2009）等的中介效应检验过程，本章将依次进行以下检验：第一步，对基础回归模型（6-1）中的核心解释变量系数 α_3 进行检验，通过显著性水平检验后进行第二步检验，若未通过则停止中介效应分析。第二步，基于模型（6-2）和模型（6-3）检验相关变量系数 β_3、χ_4 是否显著，若均显著则直接进入第三步，若其中至少有一个不显著，则要进行第四步。第三步，若 χ_3 显著说明存在部分中介效应，若不显著，则说明存在完全中介效应。第四步，进行 Soble 检验，若 Soble 检验结果显著，则说明存在中介效应，若不显著则不存在中介效应。第五步，比较 $\beta_3 \times \chi_4$ 与 χ_3 的符号。若符号相同，则表示存在中介效应，报告中介效应占总效应的比例 $\beta_3 \times \chi_4 / \alpha_3$。若符号相反，则存在遮掩效应，报告间接效应与直接效应比例的绝对值 $|\beta_3 \times \chi_4 / \alpha_3|$。

6.4.2 变量选择与数据说明

（1）产出增长（GGDP）。参考资本急停产出效应的文献研究（Radelet & Sachs，1998），采用 GDP 增长率来衡量产出增长。数据来源于 IFS 数据库。

（2）锚定美元的代理变量（USD）。依据伊尔泽茨基、莱因哈特和罗格夫（Ilzetzki，Reinhart & Rogoff，2019）的研究以锚定或参考货币是否为美元作为锚定美元的代理变量①。数据来源于 Ilzetzki（2021）。

---

① 依据伊尔泽茨基等（Ilzetzki et al.，2019）对全球 194 个国家和地区锚定货币或参考货币的划分标准：对于与某种货币完全挂钩的国家（地区），其锚定货币自然为被锚定的货币；对于自由浮动的国家（地区），不存在锚定货币或参考货币；对于有管理的浮动汇率制度则根据 4 个标准确定其"参考货币"，这些标准包括：第一，对外贸易主要以哪种外币计价？第二，外债中哪种货币的份额最大？第三，外汇储备中哪种外币的份额最大？第四，最近时期的锚定货币是哪种？对于其他汇率制度的国家，如果一国（地区）货币在同一时期对两种候选的锚定货币的波动幅度相同（如在 2% 的波动范围内），那么在更小的浮动范围内（如 1%），锚定哪种货币的样本更多就认为锚定哪种货币。本章以锚定或参考货币是否为美元作为锚定美元的代理变量。锚定美元或参考货币是美元记为 1，否则记为 0。

第6章 锚定美元、资本急停与产出效应

（3）资本急停（SS）。采用本章计算的六类资本急停样本。

（4）中介变量（CA）。采用各经济体经常项目余额占GDP的比重来衡量。数据来源于IFS数据库。

（5）其他变量。参考相关文献的研究，并依据逐步回归法选定控制变量①。各控制变量定义和数据来源如表6-3所示。

表6-3　　　　　　　　　其他变量定义及来源

变量名称	变量符号	指标测算	数据来源
资本形成率	CFR	固定资本形成额与GDP之比	IFS数据库
国际风险指数	VIX	VIX指数	芝加哥期权交易所网站
贸易开放度	TO	贸易额与GDP之比	IFS数据库
通货膨胀水平	CPI	CPI增长率	IFS数据库
政府消费水平	PC	政府支出占GDP之比	世界银行WDI数据库
资本管制程度	Kaopen	Kaopen指标	Hiro Ito
国际利率水平	WIR	英国货币市场利率	IFS数据库

表6-4为各变量的描述性统计结果。其中，CPI的最大值为9 411.872，最小值为-6.128，标准差为259.932，数据的离散程度高，主要原因是本章的研究对象包括白俄罗斯、克罗地亚、格鲁吉亚、哈萨克斯坦、拉脱维亚、立陶宛、罗马尼亚等国家，而这些国家在1990~1993年发生较严重的通货膨胀②。为消除变量间的单位和数量级差异，本章对所有样本数据进行归一化处理。

---

① 参考相关文献选取控制变量（梁权熙和田存志，2011；李芳等，2018）：资本形成率（CFR）、国际风险指数（VIX）、贸易开放度（TO）、通货膨胀率（CPI）、国际利率水平（WRI）、政府消费水平（PC）、资本管制程度（Kaopen）、直接投资占GDP比重（FDI）。并通过逐步回归法在8个控制变量中选择7个控制变量（VIX、CFR、TO、CPI、WRI、PC、Kaopen）。

② 考虑由于样本极端数据对结果产生的偏误，对数据作断尾处理后得出的回归结果与原样本基本一致。为最大限度保留样本数据，在正文中仍采用原样本数据。

表 6-4　　　　　　　　各变量的描述性统计

变量名称	观测值	最大值	最小值	均值	标准差
GGDP	5 353	110.894	-26.652	3.106	4.659
SSI	7 080	1	0	0.027	0.162
SSIN	7 080	1	0	0.033	0.179
SSN	7 080	1	0	0.013	0.111
SSO	7 080	1	0	0.038	0.192
SSON	7 080	1	0	0.012	0.110
SSION	7 080	1	0	0.044	0.206
USD	7 080	1	0	0.392	0.489
CA	5 940	27.665	-26.225	-1.052	6.152
CFR	5 163	0.762	0.020	0.227	0.051
VIX	7 080	52.400	9.510	19.209	7.247
TO	5 248	4.681	0.142	0.948	0.696
CPI	6 633	9 411.872	-6.128	28.608	259.932
PC	5 235	0.985	0.084	0.299	0.132
Kaopen	4 400	2.374	-1.904	1.298	1.400
WIR	6 549	15.043	0.100	4.454	3.574

6.4.3 基础模型检验结果

为研究不同经济体锚定美元对不同类别资本急停产出效应影响的差异性，本章分别利用发达经济体和发展中经济体样本对模型（6-1）进行参数估计，模型回归结果如表6-4①所示。

本章重点分析资本急停产出效应以及锚定美元对资本急停产出效应的调

---

① 由于本章的样本为跨国面板数据，为矫正异方差和序列相关的干扰，回归结果均采用Robust标准误。基于固定效应F检验可知样本年度效应与个体效应显著，因此在模型中控制时间（年度）及个体效应。报告中的AR(2)为残差项的二阶序列相关检验，Sargan检验为工具变量过度识别检验。检验结果显示，不存在残差项的二阶序列相关，且工具变量有效。此外，篇幅所限，控制变量估计结果从略，如有需要请向作者索取。

节作用。首先，分析资本急停产出效应。从回归结果可以看到，发达经济体除发生 SSION 对产出的影响在 5% 水平上显著为负以外，其余各类资本急停对产出的影响均不显著。而发展中经济体发生 SSIN 和 SSION 对产出的影响分别在 5% 和 10% 水平上显著为负。其次，分析锚定美元对资本急停产出的调节作用。发达经济体和发展中经济体结果存在显著的差异性。发达经济体样本回归结果显示，SSI×USD 显著为负，表明对于发达经济体而言，发生 SSI 时锚定美元会对产出产生负向作用。而发展中经济体样本回归结果显示，SSIN×USD 和 SSION×USD 分别在 5%、10% 水平上显著为正。这表明，发展中经济体锚定美元可以显著减弱流入驱动型 SSIN 和双向驱动型 SSION 负向产出效应，如表 6 – 5 所示。

6.4.4 稳健性检验

为验证上述结果的可靠性，本章通过样本数据换频、变换计量模型等多种方法进行稳健性检验。由于篇幅所限，本章仅报告数据换频后的回归结果，其他检验仅对结果进行说明。

（1）数据换频。考虑系统 GMM 可能存在对本文样本是否适用的问题①，将季度数据转换为年度数据，再对模型（6 – 1）进行检验。表 6 – 6 报告的回归结果显示，主要解释变量系数方向及显著性水平与表 6 – 5 结果基本一致。

（2）变换计量模型。采用固定效应模型的回归结果显示：核心解释变量显著性水平在不同程度上发生变化，但研究结论与基础模型基本保持一致。例如，发展中经济体 SSIN、SSIN×USD 的显著性水平由 5% 下降至 10%；SSION、SSION×USD 的显著性水平均分别由 10%、5% 提升至 1%；发达经济体 SSI×USD、SSION 的显著性水平由 5% 提高至 1%。

---

① 本章基于 31 个发达经济体和 28 个发展中经济体 1990～2019 年的季度样本面板数据，而 GMM 模型更适应于 N 大 T 小的样本。为检验模型的适用性，本章在稳健型检验部分采用了年度数据进行了再检验，检验结果基本一致。综合考虑 GMM 模型在解决内生性问题时更优，故而选择 GMM 模型。

表6-5 锚定美元、资本急停与产出效应

类型	发达经济体						发展中经济体					
	GGDP(1)	GGDP(2)	GGDP(3)	GGDP(4)	GGDP(5)	GGDP(6)	GGDP(1)	GGDP(2)	GGDP(3)	GGDP(4)	GGDP(5)	GGDP(6)
L.GGDP	0.992** (20.14)	0.972*** (25.20)	0.947*** (23.42)	0.922*** (5.48)	0.997*** (9.14)	0.895*** (31.5)	-0.524*** (-3.58)	-0.425 (-0.59)	-0.502*** (-3.38)	0.534** (2.05)	0.522** (2.44)	-0.200** (-2.24)
SSI	0.002 (0.44)						-0.062 (-0.35)					
SSI × USD	-0.012** (-2.34)						0.162 (0.60)					
SSIN		-0.001 (-0.22)						-0.773** (-2.33)				
SSIN × USD		-0.003 (-0.48)						0.746** (2.34)				
SSN			0.004 (1.22)						-0.221 (-0.78)			
SSN × USD			-0.023 (-0.40)						0.275 (0.99)			
SSO				0.883 (0.50)						-0.152 (-0.82)		
SSO × USD				-0.006 (-0.02)						0.365 (0.73)		

续表

类型	发达经济体						发展中经济体					
	GGDP(1)	GGDP(2)	GGDP(3)	GGDP(4)	GGDP(5)	GGDP(6)	GGDP(1)	GGDP(2)	GGDP(3)	GGDP(4)	GGDP(5)	GGDP(6)
SSON					-0.005 (0.78)						0.031 (1.35)	
SSON×USD					0.003 (0.30)						-0.121 (-1.70)	
SSION						-0.013** (-1.99)						-0.762* (-1.79)
SSION×USD						-0.016 (-0.82)						1.779*** (2.94)
USD	-0.06 (-0.27)	0.001 (0.03)	0.012 (0.33)	-0.011 (-0.31)	-0.002 (-0.19)	0.011 (0.32)	0.020 (0.79)	-0.057 (-1.46)	0.021 (1.10)	-0.015 (-0.80)	0.007 (0.40)	-0.074** (-2.57)
控制变量	是	是	是	是	是	是	是	是	是	是	是	是
个体效应	是	是	是	是	是	是	是	是	是	是	是	是
时间效应	是	是	是	是	是	是	是	是	是	是	是	是
N	2 543	2 543	2 543	2 543	2 543	2 543	1 033	1 033	1 033	1 033	1 033	1 033
AR(2) P值	0.260	0.334	0.225	0.161	0.154	0.216	0.581	0.381	0.263	0.640	0.306	0.697
Sargan检验值	0.817	0.159	0.509	0.812	0.179	0.141	0.238	0.680	0.122	0.325	0.160	0.503

注：括号中为z统计量的值；*、**和***分别表示检验统计量在10%、5%和1%水平上统计显著。

表 6-6 稳健性检验(年度数据)

类型	发达经济体						发展中经济体					
	GGDP(1)	GGDP(2)	GGDP(3)	GGDP(4)	GGDP(5)	GGDP(6)	GGDP(1)	GGDP(2)	GGDP(3)	GGDP(4)	GGDP(5)	GGDP(6)
L.GGDP	0.001 (-0.01)	-0.974** (-2.33)	0.353 (1.16)	0.303* (1.66)	0.543** (2.05)	0.270** (2.12)	0.296*** (2.08)	0.254** (2.57)	-0.920** (-2.35)	0.261 (1.30)	0.470*** (3.71)	0.292*** (3.23)
SSI	0.003 (0.13)						-0.217 (-0.96)					
SSI×USD	-0.111** (-1.84)						0.224 (1.15)					
SSIN		-0.017 (-0.43)						-0.415** (-2.02)				
SSIN×USD		0.016 (0.03)						0.391** (2.08)				
SSN			0.820 (0.54)						-0.540 (-1.30)			
SSN×USD			-1.059 (-0.58)						-1.736 (-0.45)			
SSO				0.431 (0.51)						-0.079 (-0.41)		
SSO×USD				0.500 (-0.46)						0.107 (0.30)		

续表

第6章 锚定美元、资本急停与产出效应

类型	发达经济体						发展中经济体					
	GGDP(1)	GGDP(2)	GGDP(3)	GGDP(4)	GGDP(5)	GGDP(6)	GGDP(1)	GGDP(2)	GGDP(3)	GGDP(4)	GGDP(5)	GGDP(6)
SSON	−0.047 (−0.30)				−0.480 (−0.23)						0.149 (1.23)	
SSON×USD					1.253 (0.40)						−0.172 (−1.28)	
SSION		−0.181 (−0.52)				−0.041** (−1.68)						−0.150** (−2.04)
SSION×USD						−0.122 (−1.10)						0.243** (2.31)
USD			0.180 (1.10)	0.071 (0.46)	0.150 (1.07)	0.113 (0.47)	0.035 (0.99)	−0.064 (−0.88)	0.039 (0.42)	0.036 (0.63)	0.020 (0.93)	−0.059 (−1.22)
控制变量	是	是	是	是	是	是	是	是	是	是	是	是
个体效应	是	是	是	是	是	是	是	是	是	是	是	是
时间效应	是	是	是	是	是	是	是	是	是	是	是	是
N	619	619	619	619	619	619	318	318	318	318	318	318
AR(2) P值	0.106	0.225	0.399	0.417	0.626	0.159	0.256	0.141	0.598	0.480	0.239	0.789
Sargan检验值	0.759	0.711	0.923	0.446	0.365	0.229	0.130	0.553	0.960	0.117	0.268	0.871

注：括号中为 z 统计量的值；*、** 和 *** 分别表示检验统计量在10%，5%和1%水平上统计显著。

通过数据换频和变换计量模型进行稳健性检验的结果表明本章的核心研究结论具有较好的稳定性与可靠性。

6.4.5 检验结果分析

从基础模型回归结果可以看到，首先，双向驱动型资本急停 SSION 无论对发达经济体还是发展中经济体的产出影响均显著为负，流入驱动型资本急停 SSIN 对发展中经济体产出的影响显著为负，但对发达经济体产出的影响并不显著。这在一定程度上表明，相对于发达经济体，发展中经济体政策当局除需关注 SSION 双向驱动型资本急停以外，还需要关注 SSIN 等流入驱动型资本急停对产出的负向影响，这为发展中经济体的政策制定提出更高的要求。其次，锚定美元汇率制度对资本急停产出效应具有调节作用。发达经济体发生 SSI，锚定美元将对产出造成负向影响，而发展中经济体锚定美元可以显著减小流入驱动型 SSIN 和双向驱动型 SSION 对产出的负向影响。这一检验结果对发展中经济体具有重要的政策价值。由于发展中经济体发生 SSIN、SSION 负向产出效应显著，且 SSIN×USD 和 SSION×USD 的回归系数均显著为正。说明发展中经济体锚定美元对于缓解流入驱动型 SSIN 和双向驱动型 SSION 资本急停负向产出效应具有显著的积极作用。本章尝试对这一重要研究结论作出浅析。

（1）为何流入驱动型资本急停 SSIN 对发展中经济体产出具有显著的负向效应，而对发达经济体产出的影响不显著？流入驱动型资本急停指流入资本的大规模骤减所引致的资本急停。为刺激投资带动经济增长，发展中经济体通常会以优惠的条件引进国外资本，而由于国内金融体系不健全，资本大量流入房地产等虚拟产业。当国外资本流入骤减，国内信贷迅速萎缩，企业投资下降，而这一过程在金融加速器的作用下循环强化，从而导致产出水平下降（Calvo & Reihart，2000b）。而发达经济体金融体系较发达，对流入资本的依赖性相对较小，并且金融创新产品丰富，流入资本投资途径多元风险分散，从而减少资本流入骤减引发系统性金融风险的可能性（Caballero & Krishnamurthy，2001）。因此，流入驱动型资本急停对发达经济体实体经济的影响有限。

（2）为何发达经济体与发展中经济体锚定美元的汇率制度在调节流入驱动型资本急停 SSIN 和双向驱动型资本急停 SSION 产出效应时存在显著的效果差异？经典蒙代尔·弗莱明模型在假设价格刚性、资本充分流动、无金融摩擦的条件下论证当遭遇国际资本冲击时，浮动汇率可以充分地实现货币政策独立性，缓解产出负向影响。然而，由于发展中经济体普遍存在金融系统脆弱（Eichengreen & Hausman, 1999）、投机行为（Dornbusch, 1976）等问题，钉住汇率能更好地稳定产出增长。尤其是，债务美元化的发展中经济体担心汇率贬值导致国内企业和银行面临破产的风险，钉住美元是最优选择（Calvo & Reinhart, 2000a）。因此，当发展中经济体面临流入资本大量减少，或同时伴随着大量资本流出，钉住美元可以减缓汇率波动产生的国际信贷压力，减缓产出冲击。从而解释发展中经济锚定美元可以显著减小流入驱动型 SSIN 和双向驱动型 SSION 对产出的负向影响。而与此相对，由于发达经济体相较于发展中经济体，较少存在货币错配问题，当面临资本流入骤减时，锚定美元对稳定对外金融经贸活动的积极作用有限。并且，由于发达经济体金融系统发达，锚定美元的汇率政策限制了灵活的价格机制，不利于金融系统以及产出的快速恢复。

6.5 中介效应检验

而在资本急停的冲击下，锚定美元又是如何对发展中经济体产生积极作用的呢？众多文献（Calvo et al., 2002; Tornell & Westermann, 2002; Mendoza, 2005）在论证资本急停对经济体产生的影响时，支持以下的理论逻辑：与发达经济体相比，发展中经济体非贸易部门比贸易部门存在更显著的信贷约束。因此，当发生跨境资本流出大规模增加或资本流入大规模减少，尤其是当流入资本大规模减少时①,发展中经济体非贸易部门相较于贸易部门面临的信贷紧缩更加严峻,产出的下降速度将快于贸易部门,资本与劳动力从非贸易部门转向贸易部门,贸易部门的生产成本下降,导致实际汇率贬值,或将改善经常项目。而本章认为在这个过程中,发展中经济体名义汇率是否锚定美元发挥着重要的作用。

在浮动汇率制下,资本流动冲击导致国际利率上升,本币名义汇率贬值。然而,名义汇率贬值是否能带来经常项目的改善,除了受到国内外商品价格因素的影响以外,还受到马歇尔—勒纳条件的限制。特别是,发展中经济体位于国际贸易链低端,出口产品单一且以低附加值产品为主,需求价格弹性高。而进口产品多以大宗且高附加值产品为主,需求价格弹性低。名义汇率贬值对净出口的影响更加具有不确定性。更重要的是,发展中经济体进出口企业抵御汇率波动风险的能力不足,名义汇率波动将在一定程度上抑制进出口贸易活动。而锚定美元虽然在资本流动冲击下,会导致本币高估,影响货币政策操作空间,但由于美元是发展中经济体参与经贸往来的主要货币,本币汇率在资本急停过程中坚持锚定美元,在宏观层面将有利于维持稳定的通货膨胀率水平,为发展中经济体建立稳定的国际经贸关系,在微观层面可以稳定跨境贸易及投资主体的汇率预期,从而维持国际贸易及金融交易活动的稳定性。

因此,当发展中经济体发生由资本流出大规模增加或资本流入大规模减少,尤其是资本流入大规模减少引致的资本急停时,资本与劳动力从非贸易部门转向贸易部门。此时,锚定美元带来的稳定的经贸环境和汇率预期,将更有助于贸易品部门扩大生产,促使进出口企业更加积极地开展经贸活动,改善经常项目。基于此,本章提出研究假设:发展中经济体锚定美元的汇率制度通过经常项目渠道对资本急停产出效应发挥积极作用。基于本章6.3节

---

① 原理上无论是流入资本大规模减少,还是流出资本大规模增加,均会导致国内信贷紧缩,但已有研究表明,对于发展中经济体,流入资本大规模减少对国内信贷环境的影响更显著,这或许是由于发展中经济体应对流入资本的政策效果不及应对流出资本的政策效果显著(Cavallo et al., 2015)。

第6章 锚定美元、资本急停与产出效应

建立的中介模型以及对检验过程的描述,对发达经济体和发展中经济体六类资本急停的中介机制进行了实证检验。检验结果表明,发达经济体六类资本急停中介效应检验均未通过,而发展中经济体发生 SSIN、SSION,锚定美元通过经常项目渠道影响资本急停产出效应的中介效应检验结果显著。

表6-7报告了发展中经济体发生 SSIN、SSION,锚定美元通过经常项目渠道对产出发挥作用的中介效应检验结果。表6-7的第(1)列显示,SSIN×USD 的回归系数为0.746,且通过5%显著性水平检验,说明锚定美元对 SSIN 产出效应具有显著的正向调节作用。第(3)列显示,SSIN×USD 对 CA 的回归系数为0.212,且通过5%显著性水平检验,说明发生 SSIN 时,锚定美元有助于改善经常项目。步骤三的第(5)列显示,CA 项与 SSIN×USD 项分别在5%和10%显著性水平上为正,回归系数分别为1.721、0.561,从而表明存在"部分中介效应",即,发展中经济体锚定美元通过经常项目渠道对 SSIN 产出效应发挥积极作用。表6-7列(2)、列(4)、列(6)的检验结果也显示,存在"部分中介效应",即,发展中经济体锚定美元的汇率制度通过改善经常项目这一渠道对 SSION 产出效应发挥了积极影响,即降低了 SSION 对产出的负向效应。从中介效应的程度而言,锚定美元经由经常项目影响 SSIN 产出效应的中介效应为0.365(=0.212×1.721),在5%水平上显著。中介效应占总效应的比重为0.489(=0.365/0.746),表明发展中经济体发生 SSIN 时锚定美元对产出产生的积极作用有近49%是由经常项目改善实现的。锚定美元经由经常项目影响 SSION 产出效应的中介效应为0.622(=0.394×1.578),在10%水平上显著,且中介效应占总效应的比重为0.349(=0.622/1.779),表明发展中经济体发生 SSION 时锚定美元对产出产生的积极作用有约35%是由经常项目改善实现。这一研究结果表明,对于发展中经济体而言,经常项目在锚定美元影响资本急停产出效应的过程中发挥着重要的渠道作用。

表 6-7 经常项目渠道中介效应分析

	步骤一			步骤二			步骤三		
		GGDP			CA			GGDP	
		(1)	(2)		(3)	(4)		(5)	(6)
L.GGDP	L.CA	-0.425 (-0.59)	0.200** (2.24)	L.CA	0.933*** (14.35)	0.952*** (9.24)	L.GGDP	-0.047 (-0.53)	-0.153* (-1.68)
SSIN	SSIN	-0.773** (-2.33)		SSIN	-0.156** (-2.06)		SSIN	-0.210 (-0.98)	
SSIN×USD	SSIN×USD	0.746** (2.34)		SSIN×USD	0.212** (2.19)		SSIN×USD	0.561* (1.73)	
SSION	SSION		-0.762* (-1.79)	SSION		-0.052 (-0.67)	SSION		-0.326 (-1.14)
SSION×USD	SSION×USD		1.779*** (2.94)	SSION×USD		0.394*** (2.67)	SSION×USD		0.985** (1.97)
							CA	1.721** (2.19)	1.578 (1.79)
USD	USD	-0.057 (-1.46)	-0.074** (-2.57)	USD	-0.007 (-0.51)	-0.064* (-1.81)	USD	0.017 (0.23)	0.008 (0.11)
控制变量	控制变量	是	是	控制变量	是	是	控制变量	是	是
个体效应	个体效应	是	是	个体效应	是	是	个体效应	是	是
时间效应	时间效应	是	是	时间效应	是	是	时间效应	是	是
N	N	1 033	1 033	N	1 114	1 114	N	998	998

续表

步骤一		GGDP		步骤二		GGDP		CA		步骤三		GGDP	
		(1)	(2)			(1)	(2)	(3)	(4)			(5)	(6)
AR(2) P值		0.381	0.697	AR(2) P值				0.815	0.969	AR(2) P值		0.875	0.384
Sargan检验值		0.680	0.503	Sargan检验值				0.253	0.196	Sargan检验值		0.298	0.454

注：括号中为z统计量的值；*、**和***分别表示检验统计量在10%、5%和1%水平上统计显著。

基于锚定美元对资本急停产出效应影响的中介效应检验结果,可以得到以下结论:发达经济体锚定美元通过经常项目影响资本急停产出效应的中介效应检验未通过。而发展中经济体锚定美元通过经常项目渠道影响流入驱动型资本急停 SSIN、双向驱动型 SSION 产出效应的中介效应显著,具体表现为发展中经济体面临 SSIN、SSION 冲击时,锚定美元的汇率制度通过经常项目对资本急停产出效应发挥积极作用。从而验证研究假设的合理性。结合 6.4 节的实证检验结果可知,双向驱动型资本急停 SSION、流入驱动型资本急停 SSIN 对发展中经济体负向产出效应显著,且锚定美元可以显著缓解 SSIN、SSION 对产出的负向影响,而中介效应检验进一步表明锚定美元通过经常项目渠道对发展中经济体 SSIN、SSION 产出效应发挥积极的作用。由此可见,上述研究结论对发展中经济体具有重要的政策价值。

6.6 结论与政策建议

本章运用 31 个发达经济体和 28 个发展中经济体 1990 年第一季度~2019 年第四季度的季度样本数据,实证检验六类资本急停对产出的影响,并考察锚定美元在资本急停产出效应中发挥的调节作用及中介渠道,得出以下研究结论:(1) 发达经济体和发展中经济体发生 SSION 对产出的影响均显著为负,而发展中经济体发生 SSIN 也会对产出造成显著的负向冲击。(2) 发展中经济体锚定美元能显著减弱流入驱动型 SSIN、双向驱动型 SSION 对产出的负向影响。(3) 锚定美元通过经常项目渠道对发展中经济体 SSIN、SSION 产出效应发挥积极作用。

根据以上研究结果,本章从以下三个方面提出政策建议。

首先,各国(地区)应重点防范 SSION 对产出的负向冲击,发展中经济体还需关注 SSIN 等流入驱动型资本急停的发生。各国(地区)政策当局均应密切观察总量口径双向资本流动的变动,而发展中经济体也需特别关注总量口径流入资本骤减,防范 SSIN 等流入驱动型资本急停带来的产出下降。

对于我国而言，在稳妥有序推进资本项目开放的进程中，持续关注总量口径双向资本流动特征的同时，应注重优化金融体系结构，引导流入资本合理高效利用，从而防范资本流入骤减对金融系统的冲击，以及由此带来的产出下降。

其次，发展中经济体应重视锚定美元汇率制度对缓解资本急停负向产出效应发挥的积极作用。锚定美元汇率制度对发展中经济体流入驱动型资本急停 SSIN、双向驱动型资本急停 SSION 的负向产出效应具有显著的正向调节作用。因此，锚定美元汇率制度在资本急停负向产出效应中发挥的积极作用需要引起发展中经济体政策制定者的关注。尤其是，在众多国家纷纷加入"去美元化"进程的背景下，发展中经济体更应警惕汇率快速"去美元化"对金融稳定性产生的不利影响。而我国在推动人民币汇率市场化改革的进程中，应持续关注人民币汇率与美元的走势，观测跨境资本流动规模和方向，及时调整人民币汇率市场化节奏，维持金融经济的稳定性。

最后，优化进出口贸易结构、增强出口产品竞争力是发展中经济体推动汇率自由化改革，防范资本急停负向产出效应的有效方案。经常项目是发展中经济体锚定美元对双向驱动资本急停 SSION、流入驱动型资本急停 SSIN 负向产出效应发挥积极作用的中介渠道。因此，发展中经济体在稳步推进汇率自由化改革的进程中，应持续优化进出口贸易结构，增强出口产品的国际竞争力，从而充分发挥经常项目对资本急停负向产出效应发挥的积极作用。而我国在持续优化进出口贸易结构的同时，应加强内外贸一体化建设，推动内外需协调发展，培育国际竞争新优势，提升应对外部风险冲击的能力。

第7章

新兴经济体汇率波动对跨境资本流动的影响

本章利用34个新兴经济体1997年第一季度~2021年第四季度的数据,从微观视角考察了汇率波动对不同部门短期跨境资本流动的影响。研究结果表明,新兴经济体汇率波动增大会显著促进公共部门其他投资、总短期资本流入,抑制银行部门组合投资、其他投资和总短期资本流入以及企业部门其他投资和总短期资本流入。微观主体风险感知在汇率波动影响跨境资本流动中发挥着中介渠道的作用,而对不同部门的中介效应存在差异。本章的研究结论对汇率改革过程中的新兴经济体防范跨境资本大规模流动具有重要的政策价值。

7.1 汇率波动与资本项目开放

人民币汇率制度改革与资本项目开放是全面开放新格局关注的热点问题。2019年底新冠肺炎疫情暴发,人民币汇率围绕"7"上下波动,2020年5月底跌至7.19,创下12年来新低。随着我国疫情控制有力、经济复苏好于预期,人民币汇率震荡回升。人民币汇率的双向波动体现出我国在资本项目开放进程中构建成熟货币体系、充分发挥浮动汇率"稳定器"的坚定信心。然而，在人民币汇率持续波动的同时，关注资本项目大规模流动风险同样重要。2020年我国国际收支证券投资、金融衍生工具及其他投资净额之和达-1 803亿美元，而国际收支净误差与遗漏规模达-1 681亿美元，表明我国短期资本流出压力增加，并在一定程度上预示有潜在大规模资本流出风险。因此，研究汇率波动对跨境资本流动的影响以及中介传导机制，对于金融开放背景下的新兴经济体，尤其是对人民币汇率改革和资本项目开放进程加快的我国具有重要的现实意义。

汇率波动会影响跨境资本流动，且对不同类别极端资本流动的影响具有差异性（董有德等，2015）。朱孟楠等（2016）研究发现，国内外投资者的风险偏好影响资本流动对汇率的作用效果，且流出资本对汇率的影响受到风险偏好的调节作用更强。戴淑庚等（2019）也基于异质性风险偏好投资者，发现随着汇率制度改革的逐步推进，汇率波动带来的"套汇空间"和"套汇风险"综合效应对资本流动影响由正转负且程度增强。不少学者研究汇率波动对分类别跨境资本的影响，研究结果表明汇率波动不利于对外直接投资（Kawai et al.，2000；Bénassy - Quéré et al.，2001；Cholnick et al.，2002；Kiyota et al.，2010；Udomkerdmongkol et al.，2010；Chong Li et al.，2015；吴英艳等，2022），且对投资组合净流动也具有抑制作用（Caporale et al.，2015）。刘骏斌等（2017）发现了人民币兑美元汇率波动对短期跨境资本流动有负向冲击但迅速缩小。黄绍进等（2021）得出人民币汇率波动和预期均会影响我国短期跨境资本流动但后者对短期跨境资本流动的影响更大。人民币汇率对对外直接投资（OFDI）的冲击影响微弱（刘凯等，2017），但也有研究发现，汇率波动增大会增强对外直接投资在国际市场的流动且随后发现汇率波动对OFDI的影响存在阈值效应（戴金平等，2017、2018）。而陈琳等（2020）从微观视角探究得到人民币汇率波动总体上抑制了中国企业的对外直接投资。肖卫国等（2017）得出人民币汇率波动对我国直接和证券投资等资本流动具有显著的负向影响。李艳丽等（2021）运用NARDL模型，从汇率水平、汇率预期以及汇率波动三个方面探究人民币汇率对短期资本流动的非对称性影响，发现人民币贬值相比升值对短期国际资本流动的影响更显著,而汇率波动对不同类型资本流动的影响存在差异。

从相关文献的梳理可以发现,实证研究支持汇率波动对跨境资本流动产生显著影响的结论,但忽视了汇率波动对跨境资本流动影响机理的阐述与论证。从微观视角上看,跨境资本流动是投资者的跨境投资行为,而汇率波动带来的汇率风险会影响投资者的跨境决策。本章从微观主体风险感知视角出发,论证汇率波动对跨境资本流动的影响机理,并基于不同跨境投资主体的数据进行实证检验。

7.2 汇率波动对跨境资本流动影响的逻辑论证

关于风险感知对跨境资本流动的影响,已有相当的文献研究证实风险感知是资本流动的重要因素(Forbes et al., 2011; Broner et al., 2013; Ceruttiet et al., 2017; Avdjiev et al., 2018; 黄赛男等, 2020; 彭星、孙天琦、梁锶、王柏杰, 2020)。汇率波动增大往往伴随着汇率风险,微观主体对汇率风险的感知影响其跨境投资决策行为。由于不同部门对汇率波动产生的汇率风险存在差异化的风险感知程度,从而会导致差异化的投资决策。阿夫吉耶夫等(Avdjiev et al., 2018)发现,相对于主权资本流动,私人资本流动通常对 VIX 指数所代表的国际风险感知指数更为敏感。弗拉茨舍尔等(Fratzscher et al., 2012)发现,全球风险对金融危机期间的资本流动产生了巨大的影响,且在不同国家之间具有显著的异质性影响,产生这种差异性的原因在于国内机构质量、国内宏观经济基本面等。由于大多数高增长的新兴市场缺乏完善的金融体系,资本流动会对风险感知的变化非常敏感(Laura et al., 2008)。杜克(Duca, 2012)利用时变参数静态回归模型研究了不同时期投资组合流动的驱动因素。通过对新兴市场股票投资组合日流量的实证分析发现在经济正常时期,投资者会更加关注新兴市场的地区发展。然而,在不确定性增强以及金融危机时期,投资者的风险偏好占据主导地位。张昊宇等(2020)研究表明,VIX 指数对中国短期资本流动的冲击具有差异性,在2007年前该指数对资本流动的影响较弱,2007年短期资本流动对VIX指数的冲击表现为正响应,之后则为负响应。然而,在金融危机时期,投资者的风险偏好占据主导地位。

风险感知作为微观主体的主观感受,其对跨境资本流动的影响也是由外部冲击引起的[①],进而对跨境投资行为产生影响。而汇率波动作为外部风险冲击因素,通过影响微观主体的风险感知,进而对跨境投资行为产生影响。因此,本章基于分部门跨境投资数据,论证汇率波动对不同投资主体的差异化影响,并分析风险感知在其中发挥的作用。

7.2.1 公共部门

汇率波动增大将导致外汇市场价格出现波动,跨境投资者的风险感知上升,公共部门为了防范汇率风险上升引起的国际资本大规模异常流出,以及由此带来的信贷紧缩,将增加国际借贷扩大资本流入规模,以此维持宏观经济的稳定性。由此提出以下假设。

假设1:汇率波动增大,公共部门的跨境资本流入增大。

7.2.2 银行部门

银行部门间的跨境资本流动表现为本地区银行向全球银行借入资金以及全球银行利用货币市场向本地区银行提供跨境贷款的"双层模式"。当汇率发生波动时,银行的风险具体表现为:第一,银行资产负债表情况可能恶化。当汇率波动时,银行不愿承担更大的风险,从而会减少资本流入,以避免资本过度流入带来的资产负债期限的不匹配和不平衡性,从而导致不良资产占比增加和银行脆弱性增加,资产价格泡沫膨胀,最终使金融体系脆弱性加大(谢洪燕等,2011)。第二,货币错配问题加剧。由于银行资产与负债采用不同货币进行计价,国外借贷资金使用外币计价而资产使用本币计价,

---

① 现有的研究更多地关注美国货币政策冲击对国际风险感知的影响(Bekaert et al., 2013; Bruno et al., 2015; Miranda-Agrippino et al., 2015)。

汇率波动或将加剧货币错配问题。因此，当汇率波动时，银行部门风险感知上升，资本流入减少。由此提出以下假设。

假设2：汇率波动增大时，银行部门的国际跨境资本流入减少。

7.2.3 企业部门

企业部门一般包括非银行金融机构、参与跨境投资的企业等。金融中介充当其他机构的代理人，实现资金从有盈余的一方向有资金需求的一方转移，汇率波动引发的汇率风险促使金融中介通过缩减中介业务量来防范由于汇率波动带来的汇兑损失。除此之外，金融中介和其他参与跨境投资的企业一样，通过自有账户获取金融资产和承担负债而将自己置于风险之中。汇率波动增大，使资产风险增加（钱晓霞等，2016），企业部门的风险感知上升，进而减少借贷规模（Avdjiev et al.，2018）。由此提出以下假设。

假设3：汇率波动增大时，企业部门的国际跨境资本流入减少。

7.3 模型设定与数据来源

7.3.1 模型设定

根据前面对分部门跨境资本流动影响机制的分析，汇率波动是影响各部门跨境资本流动的关键因素。除汇率波动以外，本章参考已有文献研究，还考虑了国际利差、全球金融市场波动程度、国际流动性、金融开放指数、金融发展、经济增长、通货膨胀率、股价增速、经常账户余额等因素作为控制变量引入回归模型，构建个体时点双固定面板计量模型（FE），模型构造如下：

$$capitalflow_{it} = \alpha_0 + \alpha_1 X_{it} + \sum_{j=0}^{T} \alpha_j control_{it}^j + v_i + u_t + \varepsilon_{it} \quad (7-1)$$

其中，i、t分别表示国家年份；capitalflow表示新兴经济体不同主体的六类跨境资本流动；X 表示解释变量新兴经济体汇率波动；control 表示控制变量；v 和 u 分别表示国家和时间固定效应；ε 是随机误差项。

7.3.2 数据来源及分析

7.3.2.1 研究对象的选择

本章依据《世界经济展望 2012》公布的新兴经济体名单，结合分部门数据的可得性和缺失程度选择了 34 个经济体作为实证研究的对象（见表 7-1）。

表 7-1　　　　　　　　　新兴经济体样本

阿根廷	巴西	保加利亚	智利	中国
哥伦比亚	克罗地亚	捷克	埃及	爱沙尼亚
匈牙利	印度	印度尼西亚	约旦	哈萨克斯坦
拉脱维亚	黎巴嫩	立陶宛	北马其顿	马来西亚
墨西哥	秘鲁	菲律宾	波兰	罗马尼亚
俄罗斯联邦	斯洛伐克	斯洛文尼亚	南非	泰国
土耳其	乌克兰	乌拉圭	委内瑞拉	

7.3.2.2 变量说明

（1）核心变量。本章的被解释变量为新兴经济体公共、银行、企业三部门的跨境资本总流入，具体为三部门下的证券投资、其他投资、证券投资和其他投资的投资总流入。核心解释变量为汇率波动，参考已有文献的做法（Ganguly & Breuer，2010），先用月度单位 SDR 兑新兴经济体货币汇率取对数之后作差分处理，再求出每个季度的标准差表示汇率波动。

（2）中介变量：本章将风险感知的代理变量——摩根大通新兴市场债券指数（EMBI）作为调节变量，EMBI 越大说明新兴经济体的风险感知越强,从而检验投资者风险感知在汇率波动对跨境资本流动影响过程中的中介作用。

(3) 其他变量。本章对其他变量的设定和说明如下:为了缓解遗漏变量造成的内生性问题,我们还在基准方程控制变量中加入国际利差(ID)、全球金融市场波动程度(VIX)、国际流动性(Liquidity)、Chinn – Ito 金融开放指数(Kaopen)、金融发展(Findev)、经济增长(Rgdpth)、通货膨胀率(Inf)、股价增速(SP)以及经常账户余额(CA)等控制变量,控制变量的测算方法如表 7 – 1 所示。

7.3.2.3 数据来源

数据来源如表 7 – 2 所示。研究样本包括 34 个新兴市场国家 1997 ~ 2021 年的季度跨国面板数据。

表 7 – 2　　　　　　　　变量说明和数据来源

变量名称	变量符号	变量说明	数据来源
公共部门	Pub	公共部门由中央银行和广义政府构成,公共部门的资本流入可细分为公共部门的组合投资流入、其他投资流入和总短期资本流入(组合投资流入与其他投资流入之和)	IMF、BIS、作者计算*
银行部门	Bank	银行部门包括商业银行、储蓄银行和信贷银行等,银行部门下的资本流入可以细分为银行部门的组合投资流入、其他投资流入和总短期资本流入(组合投资流入与其他投资流入之和)	IMF、BIS、作者计算
企业部门	Cor	企业部门是指除公共部门和银行部门的其他机构,主要包括金融公司和非金融公司等。企业部门下的资本流入可以细分为企业部门的组合投资流入、其他投资流入和总短期资本流入(组合投资流入与其他投资流入之和)	IMF、BIS、作者计算
汇率波动	Vol	SDR 兑各新兴经济体名义汇率兑波动率	Wind
摩根大通新兴市场债券指数	EMBI	衡量全球新兴市场的债券表现	摩根大通官网

续表

变量名称	变量符号	变量说明	数据来源
全球金融市场波动程度	VIX	公布的标准普尔 500 指数波动率 VIX	Wind
国际流动性	Liquidity	美国 M0/美国 GDP	Wind
金融开放指数	Kaopen	衡量一个国家资本账户开放程度的指标	Chinn-Ito
金融发展	Findev	银行提供的私人信贷/GDP	WDI
经济增长	Rgdpth	GDP 现价同比增长率	Wind
通货膨胀率	Inf	居民消费价格指数同比增长率	Wind
股价增速	Sp	各国股价指数的环比增长率	Wind
经常账户余额	Ca	经常账户差额	IMF

注：*表示作者参照 Avdjiev 等（2018）提出的方法，构建分部门资本流入数据库。

7.4 实证检验及结果分析

7.4.1 基础回归

本章采用个体时点双固定模型（FE）探究新兴经济体汇率波动对不同部门（公共、银行、企业）下组合投资、其他投资和总投资流入跨境资本流动的影响，实证研究结果如表 7-3 所示。汇率波动增大会显著促进公共部门其他投资流入和总短期资本流入，抑制银行部门组合投资、其他投资和总短期资本流入，抑制企业部门其他投资和总短期资本流入。从总体上看，实证研究结果能够验证逻辑假设的合理性。

表 7-3　汇率波动对分部门跨境资本流动的影响

变量名称	组合投资流入			其他投资流入			总短期资本流入		
部门划分	公共部门	银行部门	企业部门	公共部门	银行部门	企业部门	公共部门	银行部门	企业部门
汇率波动	0.0463 (1.48)	-0.0690** (-2.25)	-0.00619 (-0.18)	0.0846*** (3.50)	-0.0562** (-2.17)	-0.0846*** (-2.77)	0.0710** (2.48)	-0.0657** (-2.30)	-0.0535* (-1.78)

续表

变量名称	组合投资流入			其他投资流入			总短期资本流入		
部门划分	公共部门	银行部门	企业部门	公共部门	银行部门	企业部门	公共部门	银行部门	企业部门
时间固定效应	是	是	是	是	是	是	是	是	是
国家固定效应	是	是	是	是	是	是	是	是	是
调整的 R^2	0.0505	0.0400	0.0126	0.0432	0.0802	0.153	0.0394	0.0954	0.303
观测值	1 643	1 547	1 704	1 710	2 409	1 710	1 622	2 029	1 972

注：*、** 和 *** 分别表示检验统计量在 10%、5% 和 1% 水平上统计显著。

7.4.2 稳健性检验

为了检验实证结果的稳健性，本章采用将关键解释变量汇率波动替换为美元兑新兴国家货币汇率，采用同样的方法计算汇率波动。汇率波动的回归系数及显著性水平与基础回归结果基本一致，表明实证结果具有稳健性。

7.4.3 冲击检验

金融危机的冲击对国际资本流动产生显著的影响，为进一步检验汇率波动对资本流动影响研究结论的可靠性，检验 2008 年金融危机外生冲击是否增强或减弱了汇率波动对资本流动的影响效果。

7.4.3.1 2008 年金融危机的外生冲击检验

为探究新兴经济体汇率波动的外生冲击效应，构建如下计量模型：

$$\text{capitalflow}_{it} = \alpha_0 + \alpha_1 \text{vol}_{it} + \alpha_2 \text{vol} \times \text{crisis}_{it} + \sum_{j=0}^{T} \alpha_j \text{control}_{it}^j + v_i + u_t + \varepsilon_{it} \tag{7-2}$$

其中，i、t 分别表示国家和年份；capitalflow 表示新兴经济体的分部门的六类跨境资本流动；vol 表示新兴经济体汇率波动；crisis 表示发生金融危机的时间虚拟变量，将时间节点 2008 年及其以后年份取值为 1，之前年份取值为 0。control 表示所有控制变量；v 和 u 分别表示国家和时间固定效应；ε 是随机误差项。

表 7-4 显示了 2008 年金融危机冲击的结果，在危机发生前，汇率波动增大对银行和企业部门的其他投资流入和总短期资本流入均会产生显著的抑制作用，而对公共部门的其他投资流入会产生显著的促进作用，这与基础回归的结果一致。而值得关注的是，金融危机之后，汇率波动会显著促进各部门短期跨境资本流入。这一研究结果与现实相符。2008 年金融危机始发于美国，进而波及西欧发达经济体，国际资本避险情绪高涨，国际资本流入在新兴经济体。在这个过程中 2008 年金融危机减弱了汇率波动对资本流动的影响。[①]

表 7-4　　　　　　　　　分部门跨境资本流动冲击检验

变量名称	组合投资流入			其他投资流入			总短期资本流入		
部门划分	公共部门	银行部门	企业部门	公共部门	银行部门	企业部门	公共部门	银行部门	企业部门
汇率波动	-0.0407 (-0.97)	-0.0555 (-1.20)	-0.0581 (-1.30)	0.0614** (1.99)	-0.0873* (-1.87)	-0.122*** (-3.36)	0.00899 (0.24)	-0.122** (-2.38)	-0.163*** (-2.82)
汇率波动 × 金融危机	0.0791* (1.95)	-0.0192 (-0.39)	0.104** (2.40)	0.0627** (2.07)	0.0801* (1.68)	0.0654* (1.66)	0.0666* (1.85)	0.0993* (1.91)	0.112* (1.92)
时间固定效应	是	是	是	是	是	是	是	是	是
国家固定效应	是	是	是	是	是	是	是	是	是
调整的 R^2	0.0503	0.0395	0.0298	0.0426	0.0689	0.156	0.0391	0.0839	0.303
观测值	1 643	1 547	1 704	1 710	1 710	1 710	1 622	1 558	1 972

注：*、** 和 *** 分别表示检验统计量在 10%、5% 和 1% 水平上统计显著。

---

① 2006 年前新兴市场债券指数 EMBI 始终高于全球恐慌指数 VIX，表现为新兴市场资本流出，而 2006~2012 年新兴市场债券指数 EMBI 开始低于全球恐慌指数 VIX，这表明相对而言，新兴市场的风险较低，为资本流入新兴经济体创造了条件。金融危机后，主要发达国家为恢复经济活动和降低失业率，相继推行了量化宽松货币政策，资本流向新兴经济体（Khatiwada，2017）。金融危机后虽然总资本流动相减少，但流入新兴经济体的资本是金融危机前的两倍，超过全球总资本流入的 1/3（IMF，2016）。这一趋势反映了金融危机后发达国家受量化宽松货币政策的影响，资本收益率下降，发达国家之间的资本流动急剧下降，资本更趋向于流入收益率更高的新兴经济体，因此新兴经济体汇率波动与金融危机交互项显示为正。

7.4.3.2 安慰剂检验

为了检验 2008 年金融危机外生冲击的结果的稳定性,假定 2018 年为虚假的外部冲击年份,设定 0-1 虚拟变量,进行安慰剂检验。表 7-5 的估计结果显示的回归结果与基础回归并无差别,而汇率波动与的交互项系数均不显著,说明 2008 年金融危机的外生冲击检验结果是稳健的。

表 7-5　　　　　　分部门跨境资本流动安慰剂检验

变量名称	组合投资流入			其他投资流入			总短期资本流入		
部门划分	公共部门	银行部门	企业部门	公共部门	银行部门	企业部门	公共部门	银行部门	企业部门
汇率波动	0.0148 (0.48)	-0.0713** (-2.32)	0.0161 (0.46)	0.0853*** (3.52)	-0.0480* (-1.77)	-0.0862*** (-2.82)	0.0731** (2.54)	-0.0490 (-1.45)	-0.0811** (-2.19)
汇率波动×金融危机	-0.134 (-1.26)	0.142 (1.01)	-0.178 (-1.11)	-0.0510 (-0.44)	-0.0384 (-0.28)	0.106 (0.73)	-0.141 (-1.01)	0.0134 (0.12)	-0.0489 (-0.41)
时间固定效应	是	是	是	是	是	是	是	是	是
国家固定效应	是	是	是	是	是	是	是	是	是
调整的 R^2	0.0515	0.0400	0.0304	0.0427	0.0782	0.153	0.0394	0.0635	0.149
观测值	1 643	1 547	1 704	1 710	2 219	1 710	1 622	1 558	1 632

注:*、**和***分别表示检验统计量在 10%、5% 和 1% 水平上统计显著。

7.4.4 机制检验

前面的实证研究结果表明,新兴经济体汇率波动增大会促进公共部门其他投资、总短期资本流入,抑制银行部门组合投资、其他投资和总短期资本流入以及企业部门其他投资和总短期资本流入。总体而言,新兴经济体汇率波动增大将促进公共部门资本流入,抑制银行和企业部门资本流入。

而汇率波动是通过什么渠道影响资本流动的呢?在本章的逻辑论证部分表明投资者的风险感知是重要的中介渠道。本章借鉴鲍迈斯特等(Baumeister et al.，1986）的方法构造递推模型，对新兴经济体汇率波动影响其跨境资本流动的作用机制进行中介效应检验，相关的模型设置如下：

$$\text{capitalflow}_{it} = \beta_0 + \beta_1 \text{vol}_{it} + \sum_{j=0}^{T} \beta_j \text{control}_{it}^j + v_i + u_t + \varepsilon_{it} \quad (7-3)$$

$$\text{EMBI}_{it} = a_0 + a_1 \text{vol}_{it} + \sum_{j=0}^{T} a_j \text{control}_{it}^j + v_i + u_t + \varepsilon_{it} \quad (7-4)$$

$$\text{capitalflow}_{it} = \delta_0 + \delta_1 \text{vol}_{it} + \delta_2 \text{EMBI}_{it} + \sum_{j=0}^{T} \beta_j \text{control}_{it}^j + v_i + u_t + \varepsilon_{it} \quad (7-5)$$

其中，i、t 分别表示国家年份；capitalflow 表示新兴经济体的六类跨境资本流动；vol 表示新兴经济体汇率波动；EMBI 为中介变量；control 表示所有控制变量；v 和 u 分别表示国家和时间固定效应；ε 是随机误差项，若 β_1、a_1、δ_1、δ_2 显著且 $a_1 \times \delta_2$ 和 δ_1 同号则存在部分中介效应。

结合基准回归与机制检验结果可知，首先，公共部门的其他投资、银行部门的组合投资、其他投资和总短期资本流入以及企业部门的其他投资和总短期资本流入均存在中介效应。由表 7-3 可知，公共部门的其他投资、银行部门的组合投资、其他投资和总短期资本流入以及企业部门的其他投资和总短期资本流入的总效应分别为 0.0846、-0.069、-0.0562、-0.0657、-0.0846 和 -0.0535。在表 7-7 模型五中纳入中介变量新兴市场债券指数 EMBI 后，结果与表 7-3 模型三所得的结果类似且相应的效应分别减少为 0.0761、-0.0628、-0.0486、-0.0617、-0.0763、-0.0512。其次，由表 7-6 可知新兴经济体汇率波动增大使新兴市场债券指数下降，影响系数为 0.0488。最后，结合模型五和模型六可知，公共部门其他投资流入的中介效应为 0.0015，银行部门组合投资、其他投资和总短期资本流入的中介效应分别为 -0.0026、-0.0061、-0.0063，以及企业部门其他投资和总短期资本流入的中介效应分别为 -0.0101 和 -0.0153，且中介效应在总效应中的占比如下：公共部门其他投资流入为 1.81%，银行部门组合投资、其他投资、总短期资本流入分别为 3.72%、10.94%、9.66%，企业部门其他投资和总短期资本流入分别为 11.94%、28.64%。

表 7-6　　　　　　　　中介因子 EMBI 检验（模型五）

变量名称	新兴市场债券指数（EMBI）
汇率水平	0.0488 ***
	(4.32)
时间固定效应	是
国家固定效应	是
组内 R^2	0.941
观测值	1 674

注：*、** 和 *** 分别表示检验统计量在 10%、5% 和 1% 水平上统计显著。

表 7-7　　　　　　　　　中介效应检验（模型六）

变量名称	组合投资流入			其他投资流入			总短期资本流入		
部门划分	公共部门	银行部门	企业部门	公共部门	银行部门	企业部门	公共部门	银行部门	企业部门
汇率波动	0.0599 * (1.81)	-0.0628 ** (-2.16)	0.0392 (1.07)	0.0761 *** (3.26)	-0.0486 (-1.66)	-0.0763 ** (-2.54)	0.0569 * (1.96)	-0.0617 ** (-1.98)	-0.0512 * (-1.65)
新兴市场债券指数	-0.195 *** (-2.60)	-0.0526 ** (-2.10)	-0.149 * (-1.87)	0.0314 * (1.82)	-0.126 *** (-6.35)	-0.207 *** (-8.42)	-0.0102 (-0.47)	-0.130 *** (-5.96)	-0.314 *** (-13.88)
时间固定效应	是	是	是	是	是	是	是	是	是
国家固定效应	是	是	是	是	是	是	是	是	是
调整的 R^2	0.0549	0.0369	0.0279	0.0413	0.0608	0.154	0.0414	0.0771	0.267
观测值	1 534	1 448	1 589	1 590	1 590	1 590	1 514	1 454	1 525

注：*、** 和 *** 分别表示检验统计量在 10%、5% 和 1% 水平上统计显著。

7.5　结论与启示

本章选取了 34 个新兴经济体 1997 年第一季度~2021 年第四季度数据，基于固定效应模型进行基准回归，利用分部门数据探究了新兴经济体汇率波动对跨境资本流动的影响，并实证检验投资者风险感知的中介作用。汇率波动增大会促进公共部门其他投资、总短期资本流入,抑制银行部门组合投资、其他投资和总短期资本流入以及企业部门其他投资和总短期资本流入。总体上汇率波动增大会显著促进公共部门资本流入、抑制银行和企业部门流入。2008 年金融危机对新兴经济体汇率波动对资本流入的负向影响产生了抑制作用。中介效应检验表明,微观主体风险感知在新兴经济体汇率波动对公共部门的其他投资流入、银行及企业部门的其他投资和总短期资本流入影响的过程中发挥部分中介作用。

本章的研究结论对新兴经济体汇率制度改革具有重要的政策价值。

(1) 中央银行的跨境投资活动应充分体现政策的逆周期性。当汇率波动增强,中央银行除积极采取资本回流操作以外,应合理引导银行尤其是企业部门的跨境资本流向,防范大规模资本流出冲击。

(2) 新兴经济体应循序渐进地推进汇率制度改革。金融自由化是新兴经济体在发展中过程中不可回避的重要问题,而由于其在制度建设、法律法规建设等方面尚不完善,需要谨慎推进汇率自由化改革,防范由汇率大幅波动引发的跨境资本大规模流动。

(3) 微观主体应密切关注新兴市场债券指数的变动,以便更加高效地防范和化解跨境投资风险。新兴市场债券指数是新兴市场主权国家因流动性或结构性需要在国际市场以外国货币发行国债的总收益率的基准指数,其在一定程度上可以反映新兴市场投资者对投资风险的感知水平,对未来跨境资本的流向具有一定的引导作用。

第 8 章

人民币汇率对新兴经济体跨境资本流动的影响

人民币汇率改革是新时代构建全方位开放格局的重点问题。随着人民币汇率改革的深入，人民币汇率在区域内的金融属性逐步增强，探究人民币汇率是否对新兴经济体跨境资本流动产生影响，对于推动人民币市场化改革，推进人民币国际化具有重要理论价值和现实意义。本章实证检验人民币汇率水平和汇率波动对新兴经济体跨境资本流动方向的影响，并论证人民币汇率影响新兴经济体跨境资本流动的中介渠道。研究结果表明，人民币汇率水平上升会导致新兴经济体资本净流入减少，而人民币汇率波动上升将导致新兴经济体资本净流入增加。而大宗商品价格和风险感知程度分别是汇率水平和汇率波动影响新兴经济体跨境资本流动的中介渠道。

8.1 问题的提出

长久以来，美元在国际金融体系中的地位备受关注，美元汇率变动影响着全球跨境资本流动的方向和规模。而 2019 年以来，美联储无上限量化宽松货币政策使外围国掀起"去美元化"浪潮。随着人民币汇率市场化改革步伐加快，人民币国际地位提升。现有文献在探讨人民币国际化问题时，通过构建人民币国际化指数、从货币三大职能出发,预测人民币在国际货币中的占比。而人民币汇率能否影响国际资本的流动方向,也是判断其在国际货币体系中是否能发挥国际货币职能的研究思路。因此,对人民币是否影响了新兴经济体跨境资本流动这一问题的研究有助于准确评价人民币在区域金融体系中发挥的作用,为人民币市场化改革、实现货币国际化提供政策依据。

8.2 影响跨境资本流动的因素

影响跨境资本流动的因素,一般可以划分为拉动因素和推动因素。

8.2.1 拉动因素

拉动因素与本国的经济基础,基本面的情况有关。牛晓健等(2014)得出在吸引短期国际资本流入上主要靠拉动因素。除经济增长率、通货膨胀率、经常账户余额以及实际利率等因素外,近些年学者更多关注金融发展水平和政策不确定性。杨继梅等(2020)利用动态面板模型探究了金融开放背景下金融发展对跨境资本流动的影响,得出了金融开放本身有可能造成跨境资本流出大于流入的失衡现象,并显著增加跨境资本流动波动性风险,而金融发展水平的提高有助于在一定程度上抑制金融开放带来的跨境资本流动失衡现象和波动性风险,因此,在扩大金融开放的同时要提高国内金融发展水平。赵丹(2020)则通过 TVP - VAR 模型得出经济政策不确定性上升会导致利率波动先上升后下降以及短期跨境资本流动下降,其冲击效果和程度在短期更加显著。更进一步地,王东明等(2019)同时从金融发展程度和经济政策不确定性入手,发现这两者和价差共同驱动国际资本流动且具有时变性和差异性,经济政策不确定性和金融发展的中长期冲击显著,而价差的短期冲击显著。在国际资本净流入和净流出阶段,经济政策不确定性、金融发展和汇差是主要驱动因素;在双向波动阶段,利差和汇差影响更为显著。

艾肯格林等（Eichengreen et al.，2011）则建议金融开放需要逐步进行，否则由开放带来的积极资本流动可能在后期会适得其反。此外，贸易开放度对资本流动的影响也不容小觑（Ahmed et al.，2017）。贸易开放度越高，其发生极端国际资本流动事件的可能性越低。发展中经济体，贸易开放度仅影响本国的资本流动，对外国资本流动的影响不显著（黄赛男等，2020）。而新兴市场国家的金融开放度越高越促进跨境资本流动（张广婷，2016）。随着名义资本账户的开放，政治权力集中度对跨境资本流动的影响会由显著抑制变为促进（曾文等，2019）。张明等（2020）通过对新兴经济体国内外居民短期资本同时流出的现象进行研究，发现资本账户开放程度、经济增长率下行和全球金融危机因素是引起此类现象的主要原因，同时不同类别的资本流动、不同地区和收入水平国家双流出现象受这些因素的影响也存在差异。而一个国家（地区）的综合制度质量提升将促进短期资本流入，同时经济、政治、法律制度质量对资本流入的影响与其类似（王柏杰等，2020）。从长期来看，国家的制度质量是资本流动最重要的因素（Collier et al.，2001；Saxena et al.，2005；Laura et al.，2008），良好的制度质量会显著抑制资本外逃（Bhattacharyya et al.，2010；Simplice et al.，2017）。

8.2.2 推动因素

推动因素涉及全球的金融变量。大部分研究主要关注金融周期本身或国内外金融周期差异，同时金融市场波动、美国的货币政策冲击等因素也不容忽视。近期的研究更多关注国际金融周期与资本流动的关系（Milesi-Ferretti et al.，2010；Bruno et al.，2015）。马勇等（2017）通过构建包含内生性金融周期变量的宏观经济模型，得出金融周期波动成为影响宏观经济波动的重要因素。尤金等（Eugenio et al.，2019）实证检验全球金融周期对资本流动的重要性，发现全球金融周期对大多数类型的资本流动解释力度不强，资本流动的大多数变化可能不是全球共同冲击或者来自中心国家（美国）的冲击结果，全球金融稳定指数的重要性远远小于文献中通常暗示的重要性。但更多的学者认为，随着各国在全球范围内的一体化程度越来越高，美国货币政策在推动宏观金融溢出效应方面的作用也在增强，以国际金融周期为代表的国际金融市场的同步化，以及美元作为国际货币体系主导货币的作用，赋予了美国货币政策作为国际金融周期自身驱动力之一的特殊作用（Jordà et al., 2018; Habib et al., 2019），不断演变的网络是美国货币政策在塑造全球金融周期方面发挥越来越大作用的一个重要驱动因素（Dées et al., 2021）。彭星等（2020）构建了跨境资本流动的监测预警模型，将美元周期纳入指标体系，发现金融周期与跨境资本流动的顺周期性具有一致性，前者对跨境资本流动冲击呈现倒"U"型特征，且金融周期的影响并不完全相同。孙天琦等（2020）从结构视角考察了国内经济周期和全球金融周期对不同类别、不同部门跨境资本流动的影响，发现总量跨境资本流动随着国内和全球金融周期顺周期变化，不同类别和不同部门跨境资本流动的顺周期性有差异。而中国跨境资本流动波动主要来自短期资本流动波动，流入波动大于流出波动，内外部金融周期差异变动对资本流入的影响比对资本流出的影响更明显。

此外，金融市场波动、多边汇率、美元指数等都会影响跨境资本的流动，张昊宇等（2020）利用时变参数向量自回归模型发现，国际金融市场波动、中美利差、汇率预期、通胀水平和资产价格均会对短期资本流动产生影响（Raddatz et al., 2017; Yun et al., 2020）。房媛媛等（2020）则着眼于激增和急停这两种极端跨境资本流动，运用累积分布函数模型得出了推力因素，如多边汇率、全球市场风险、国内金融市场开放程度和国内政策的稳定性均会对这两种极端流动产生影响。苏飞雨等（2020）利用VAR模型发现，美元指数、中美利差等因素在美元周期的不同阶段对我国跨境资本流动的影响存在差异。

本章试图将人民币汇率作为影响新兴经济体跨境资本流动的推动因素来考量，提出研究假说并做实证检验。

8.3 理论分析和研究假设

8.3.1 汇率溢出渠道

已有文献研究人民币汇率的溢出效应,表明中国对全球经济的影响主要通过国际贸易、大宗商品价格以及全球价值链发挥政策溢出作用(Miranda, 2020)。而随着"一带一路"倡议、《区域全面经济伙伴关系协定》(RCEP)等合作战略持续推进,人民币国际化进程加快,人民币汇率对新兴经济体金融市场或将产生溢出作用。由此提出以下假设。

假设1:人民币汇率水平上升,新兴经济体货币贬值,新兴经济体跨境资本流入减少。相反,人民币汇率水平下降,新兴经济体货币升值,新兴经济体跨境资本流入增加。

8.3.2 大宗商品价格变化渠道

大宗商品价格是中国货币政策向全球传递的主要渠道。由于大宗商品由美元计价,而中国是国际上最大的大宗商品进口国和消费国,人民币汇率升值会造成大宗农产品价格的下降(Miranda, 2020)。由于许多新兴市场是大宗商品的净出口国,大宗商品价格下降,将恶化新兴经济体国际收支,从而抑制跨境资本流入。

假设2:人民币汇率水平上升,大宗商品价格下降,抑制新兴经济体跨境资本流入。相反,人民币汇率水平下降,大宗商品价格上升,新兴经济体跨境资本流入增加。

8.3.3 外部风险传导机制

随着人民币在区域经济中发挥的作用越来越显著。人民币汇率波动所暗含的环境不确定性因素或将触发新兴经济体风险效应。已有研究表明,美元指数可以通过改变风险情绪来影响全球的跨境资本流动。而随着人民币对新兴经济体影响力的增强,其波动会增强新兴经济体跨境投资者的风险感知水平,尤其是短期跨境投资的风险性较强,投资者对汇率波动变化具有较高的敏感度,人民币汇率波动将导致其避险情绪增强,资本回流增加。

假设3:人民币汇率波动上升,新兴经济体跨境资本流入增加,相反,人民币汇率波动下降,新兴经济体跨境资本流入减少。

8.4 实证检验

8.4.1 变量选取与数据来源

样本的选取涉及三类主要的新兴经济体,包括除中国以外的其他"金砖四国"、"新钻十一国"和与中国联系紧密的"一带一路"沿线国家。由于"金砖五国"土地面积占世界总面积的26%,人口占世界总人口的42%,是世界经济增长的主要动力之一,其国际影响力与日俱增;"新钻十一国"是高盛公司根据劳动力成长、资本存量与技术成长三项指标推出的前景较好的国家,随着中国成为世界第二大经济体,这些国家均受益于中国的发展;其余14个国家以"一带一路"沿线国家为主,考虑到中国"一带一路"倡议的推进以及"丝绸之路经济带"的建设成果,中国与这些国家的联系日益紧密,贸易联系度和金融联系度稳步提升,这些国家的跨境资本流动和人民币汇率的关系密切。样本中的新兴经济体如表8-1所示。

表8-1　　　　　　　　　样本新兴经济体

分类	样本新兴经济体名称
金砖国家(4个)	巴西、印度、俄罗斯、南非
新钻国家(11个)	墨西哥、韩国、菲律宾、土耳其、印度尼西亚、埃及、孟加拉国、巴基斯坦、越南、伊朗、尼日利亚

续表

分类	样本新兴经济体名称
其他（14个）	哥伦比亚、柬埔寨、哈萨克斯坦、老挝、缅甸、斯里兰卡、塔吉克斯坦、泰国、乌兹别克斯坦、阿根廷、波兰、匈牙利、马来西亚、罗马尼亚

变量的选取结合了研究对象的特点、相关文献以及国际收支平衡表的编制方法，主要包括6个被解释变量、2个关键解释变量、2个调节变量和8个控制变量，对于各变量的选取、数据来源和处理说明如表8-2所示。

表8-2　　　　　　　　　　变量说明和数据来源

变量名称	变量符号	变量说明	数据来源
资本净流入	Total	直接投资、证券投资、其他投资和金融衍生工具投资净额总和	IMF
短期资本净流入	SF	证券投资、其他投资和金融衍生工具投资净额总和	IMF
直接投资净流入	DI	直接投资项目净额	IMF
证券投资净流入	PI	证券投资项目净额	IMF
金融衍生工具投资净流入	FD	金融衍生工具投资项目净额	IMF
其他投资净流入	OI	其他投资项目净额	IMF
汇率水平	Rate	人民币兑美元名义汇率（直接标价法）	Wind
汇率波动	Vol	人民币兑美元名义汇率波动率	Wind
国际大宗商品指数	RJ/CBR	反映商品价格整体水平	Wind
摩根大通新兴市场债券指数	EMBI	衡量全球新兴市场的债券表现	摩根大通官网
全球金融市场波动程度	VIX	公布的标准普尔500指数波动率VIX	Wind
国际流动性	Liquidity	美国M0/美国GDP	Wind

续表

变量名称	变量符号	变量说明	数据来源
金融开放指数	Kaopen	衡量一个国家资本账户开放程度的指标	Chinn – Ito 主页
金融发展	Findev	银行提供的私人信贷/GDP	WDI
经济增长	Rgdpth	GDP 现价同比增长率	Wind
通货膨胀率	Inf	居民消费价格指数同比增长率	Wind
股价增速	Sp	各国股价指数的环比增长率	Wind
经常账户余额	Ca	经常账户差额	IMF

8.4.1.1 被解释变量

本章的被解释变量包括资本净流入、短期资本净流入及四种分类资本净流入。各类资本流动使用国际收支平衡表中非储备性质金融账户下不同类型投资账户净额表示，数据均来自 IMF 数据库，值得注意的是，IMF 数据的资本流动合计值为资产减负债，正值代表资本流出，为了和以往研究保持一致且便于分析，这里采用负债减资产计算净额，当资本流动数据为正值时表示国际资本为净流入，当数据为负值时表示国际资本为净流出，考虑到资本流动变量数值有正有负，在分析时对所有资本流动数据进行标准化处理。

资本净流入（Total）表示国际收支平衡表中的直接投资、证券投资、其他投资和金融衍生工具投资净额总和。短期资本净流入（SF）是除直接投资以外的非储备性质金融账户净额总和，具体包括国际收支平衡表中证券投资、其他投资和金融衍生工具投资净额。四大分类资本流动分别为直接投资净流入 DI（direct investment）用国际收支平衡表中直接投资项目净额表示、证券投资净流入 PI（portfolio investment）用国际收支平衡表中证券投资净额表示、其他投资净流入 OI（other investment）用国际收支平衡表中其他投资项目净额表示以及金融衍生工具投资净流入 FD（financial derivatives）用国际收支平衡表中金融衍生工具投资净额表示。

8.4.1.2 关键解释变量

本章主要研究人民币汇率对新兴经济体跨境资本流动的影响，以汇率水平和汇率波动两个维度来考察人民币与新兴经济体双边汇率对新兴经济体跨境资本流动的影响方向和程度。其中，汇率水平（Rate）用直接标价法下的人民币兑新兴经济体货币名义汇率表示，数据来源于 Wind 数据库。原始数据为月度汇率，本章将季度内月度汇率数据取算术平均值来表示季度汇率；汇率波动的计算参考已有文献的做法（Ganguly & Breuer，2010），先用直接标价法下月度人民币兑美元汇率取对数之后作差分处理，再求出每个季度的标准差，该标准差即为季度的人民币汇率波动。人民币兑美元汇率数据来源于 Wind 数据库。

8.4.1.3 中介变量

为探究汇率水平影响新兴经济体跨境资本流动的中介机制，本章将国际大宗商品指数（RJ/CBR）作为人民币汇率水平影响资本流动的中介变量，探究人民币汇率水平在影响新兴经济体跨境资本流动的过程中大宗商品价格指数发挥的中介作用。路透 CRB 商品指数的英文是"commodity research bureau"，是最早创立的商品指数。由于 CRB 指数涵盖的商品都是原材料性质的大宗物资商品，而且，由于其价格来自期货市场，其及时性无与伦比。因而指数在反映世界商品价格的总体动态上有着特殊的作用。它不仅能够较好地反映出生产者物价指数（PPI）和消费者物价指数（CPI）的变化，甚至比 CPI 和 PPI 的指示作用更为超前和敏感，可以看作通货膨胀的指示器。研究表明，CRB 指数是一种较好反映通货膨胀的指标，它与通货膨胀指数在同一个方向波动，同时，与债券收益率也在同一方向上波动。在一定程度上，反映了经济发展的趋势。

为了探究风险感知因素在人民币汇率波动影响新兴经济体跨境资本流动中的中介作用，本章将代表新兴经济体的风险感知变量摩根大通新兴市场债券指数（EMBI）作为中介变量，实证检验人民币汇率波动在影响新兴经济体跨境资本流动过程中风险感知因素发挥的作用。

8.4.1.4 控制变量

根据已有研究成果，本章选取全球金融市场波动（VIX）、国际流动性（Liquidity）以及各个新兴经济体的 Chinn-Ito 金融开放指数（Kaopen）、金融发展程度（Findev）、经济增长（Rgdpth）、通货膨胀率（Inf）、股价增速（Sp）、经常账户余额（Ca）等作为控制变量。

其中，全球金融市场波动（VIX）描述了国际资本流动的主要推动性因素国际风险状况，用芝加哥期权交易所公布的标准普尔500指数波动率VIX表示。国际流动性（Liquidity）采用美国的基础货币数量M0除以美国的GDP（美国的GDP采用经过季度调整的不变价表示）。金融开放指数（Kaopen）是衡量一个国家资本账户开放程度的指标，最初是由钦和伊托（Chinn & Ito, 2006）提出，该指标反映了政府政策和法规对资本能否自由流动的限制。它是法律上的指标，是基于IMF《汇兑安排与汇兑限制年度报告》（AREAER）当中跨境金融交易限制虚拟变量计算得出，数值越大代表资本账户开放度越高，意味着经济自由度越高。金融发展程度（Findev）衡量了一个国家或地区的金融体系发展水平，本章采用"银行提供的私人信贷/GDP"作为金融发展程度的代理变量，该值越大表明一国金融发展程度越高、金融体系越发达。经济增长（Rgdpth）衡量一个国家的经济增长速度，反映了国家的经济实力，这里以GDP现价的同比增长率表示。如果GDP现价缺失则使用不变价进行代替，部分国家的季度数据缺失严重，则使用变频年度数据的同比增长率代替，特别是阿根廷经过季调的现价差异大且来源为新闻整理，故使用不变价表示。通货膨胀率（Inf）使用居民消费价格指数同比增长率表示，若季度数据缺失则使用年度数据的季度复制值代替。股价增速（Sp）使用各个新兴经济体股价指数的环比增长率表示。经常账户余额（Ca）包括商品、服务、初次和二次收入，若仅有年度数据则求平均得到季度数据。

8.4.2 模型设定

为了探究人民币汇率因素对新兴经济体跨境资本流动的影响，本章分别通过构建混合面板模型（POOL回归）、加权最小二乘回归（WLS）以及双固定面板计量模型（FE）进行实证检验，相关的计量模型为：

（1）混合面板模型（POOL回归）：

$$capitalflow_{it} = \alpha + \beta X'_{it} + \varepsilon_{it}, \quad i = 1, 2, \cdots, 28; \quad t = 1, 2, \cdots, 128 \tag{8-1}$$

其中，$capitalflow_{it}$ 表示新兴经济体跨境资本流动；X_{it} 表示两种汇率因素及其他控制变量；α 为截距项；ε_{it} 为随机扰动项，假定 ε_{it} 的均值为 0，方差为 σ_{ε}^{2}，且 ε_{it} 与 X_{it} 不相关。

（2）加权最小二乘回归（WLS）。该模型在残差前加上一个权重因子，使所有水平的测量值对曲线具有相同的影响，加权后的模型不存在异方差性，随后采用普通最小二乘法估计其参数的一种数学优化技术。

（3）个体时点双固定效应模型。该模型属于非观测效应模型中的一种，控制了时点和个体效应，构造模型为：

$$capitalflow_{it} = \alpha_0 + \alpha_1 X_{it} + \sum_{j=0}^{T} \alpha_j control_{it}^{j} + v_i + u_t + \varepsilon_{it} \tag{8-2}$$

其中，i、t 分别表示国家年份；capitalflow 表示新兴经济体的六类跨境资本流动；X 表示解释变量人民币汇率水平和人民币汇率波动两种关键解释变量；control 表示所有控制变量；v 和 u 分别表示国家和时间固定效应；ε 是随机误差项。

8.4.3 描述性统计

表 8-3 显示了各变量的描述性统计，为了减少模型偏误，本章对所有数据都进行了标准化处理，同时为了防止极端值对实证结果的影响，对所有数据进行了 1% 和 99% 的双侧缩尾处理。

表 8-3　　　　　　　　　　各指标的描述性统计

变量名称	样本数	均值	标准差	最小值	最大值
资本净流入	3 279	3.926	16.317	-157.812	140.145
短期资本净流入	3 279	1.806	15.757	-165.092	110.512
直接投资净流入	3 279	2.120	6.117	-30.676	84.883
证券投资净流入	3 159	2.974	12.443	-53.191	105.054
金融衍生工具投资净流入	2 138	-0.431	3.549	-96.003	3.351
其他投资净流入	3 279	-0.656	9.792	-131.642	68.319
汇率水平	2 500	202.375	591.782	0.000	3 620.676
汇率波动	2 402	0.018	0.029	0.000	0.371
国际大宗商品指数	3 248	225.215	70.972	117.920	425.290
摩根大通新兴市场债券指数	2 295	5.946	0.383	5.135	6.843
全球金融市场波动程度	3 712	2.914	0.323	2.330	4.070
国际流动性	3 683	4.373	0.749	3.440	5.780
金融开放指数	3 254	0.544	0.399	-0.246	1.000
金融发展	3 324	41.649	33.900	0.000	182.433
经济增长	2 975	11.443	60.836	-35.810	1 168.990
通货膨胀率	3 211	39.802	391.044	-18.210	13 500.750
股价增速	2 049	5.252	26.251	-92.250	526.250
经常账户余额	3 285	523.392	3 012.758	-6 908.714	19 920.580

描述性统计结果显示，六类资本流动中资本净流入的均值和标准差最大，在分类别项目中证券投资净流入的标准差最大，这与证券投资相对较高的流动性特征相关。而直接投资具有长期性且流动性不强，因此，标准差相对较小。汇率水平的均值和标准差都远大于汇率波动。

8.4.4 实证结果

本部分采用 OLS、WLS 和 FE 估计方法探究人民币汇率因素对新兴经济体跨境资本流动的影响。

表 8-4 和表 8-5 分别展示了基础混合回归下人民币汇率水平和人民币汇率波动对新兴经济体跨境资本流动的影响,可以得出,人民币汇率升值将抑制六类资本项目的净流入。人民币汇率波动增大会促进短期资本、组合投资和其他投资资本净流入。

表 8-4 汇率水平混合面板回归

变量名称	资本净流入	短期资本净流入	直接投资净流入	组合投资净流入	金融衍生工具投资净流入	其他投资净流入
汇率水平	-0.181*** (-10.53)	-0.161*** (-9.98)	-0.164*** (-8.38)	-0.0692*** (-3.90)	-0.0853*** (-3.53)	-0.146*** (-9.33)
全球金融市场波动程度	-0.158*** (-6.90)	-0.136*** (-6.32)	-0.0951*** (-3.65)	-0.0885*** (-3.75)	-0.114*** (-3.53)	-0.0619** (-2.96)
国际流动性	-0.112*** (-6.45)	-0.156*** (-9.55)	-0.0514** (-2.59)	-0.0370* (-2.06)	-0.294*** (-12.00)	-0.190*** (-11.96)
金融开放指数	0.0686*** (6.27)	0.0795*** (7.74)	0.106*** (8.45)	0.0914*** (8.08)	-0.0497** (-3.22)	0.0384*** (3.84)
金融发展	0.172*** (12.34)	0.125*** (9.53)	0.233*** (14.60)	0.0606*** (4.19)	0.183*** (9.29)	0.147*** (11.50)
经济增长	-0.0784*** (-5.45)	-0.0857*** (-6.35)	0.00571 (0.35)	0.111*** (7.46)	0.145*** (7.16)	-0.0790*** (-6.01)
通货膨胀率	0.112*** (8.55)	0.100*** (8.16)	0.0716*** (4.80)	0.169*** (12.54)	0.0798*** (4.33)	0.0823*** (6.89)
股价增速	-0.0151 (-1.05)	0.00335 (0.25)	0.00173 (0.11)	0.0601*** (4.02)	-0.145*** (-7.11)	0.0474*** (3.59)
经常账户余额	0.0463** (2.86)	0.0734*** (4.83)	0.0452* (2.44)	0.0991*** (5.92)	0.367*** (16.08)	0.0873*** (5.90)

第 8 章　人民币汇率对新兴经济体跨境资本流动的影响

续表

变量名称	资本净流入	短期资本净流入	直接投资净流入	组合投资净流入	金融衍生工具投资净流入	其他投资净流入
常数项	0.592*** (21.44)	0.614*** (23.70)	0.364*** (11.57)	0.305*** (10.68)	0.584*** (15.00)	0.575*** (22.80)
调整的 R^2	0.141	0.134	0.138	0.138	0.081	0.145
观测值	1 683	1 683	1 683	1 683	1 366	1 783

注：*、** 和 *** 分别表示检验统计量在 10%、5% 和 1% 水平上统计显著。

表 8-5　　　　　　汇率波动混合面板回归

变量名称	资本净流入	短期资本净流入	直接投资净流入	组合投资净流入	金融衍生工具投资净流入	其他投资净流入
汇率波动	0.0118 (1.08)	0.0235** (2.31)	0.00579 (0.47)	0.0598*** (5.42)	0.000729 (0.05)	0.0216** (2.19)
全球金融市场波动程度	-0.166*** (-7.11)	-0.145*** (-6.64)	-0.101*** (-3.84)	-0.101*** (-4.26)	-0.117*** (-3.60)	-0.0702*** (-3.32)
国际流动性	-0.0317* (-1.94)	-0.0804*** (-5.26)	0.0200 (1.08)	0.0103 (0.62)	-0.258*** (-11.33)	-0.121*** (-8.15)
金融开放指数	0.0582*** (5.26)	0.0702*** (6.78)	0.0961*** (7.65)	0.0873*** (7.76)	-0.0546*** (-3.55)	0.0299*** (2.97)
金融发展	0.179*** (12.63)	0.130*** (9.79)	0.239*** (14.86)	0.0592*** (4.11)	0.187*** (9.45)	0.151*** (11.73)
经济增长	-0.0524*** (-3.63)	-0.0642*** (-4.76)	0.0300* (1.83)	0.114*** (7.76)	0.158*** (7.88)	-0.0594*** (-4.53)
通货膨胀率	0.136*** (10.39)	0.123*** (10.03)	0.0934*** (6.27)	0.184*** (13.83)	0.0909*** (4.98)	0.103*** (8.66)
股价增速	-0.00954 (-0.62)	0.00301 (0.21)	0.00881 (0.51)	0.0397** (2.55)	-0.140*** (-6.59)	0.0470*** (3.37)
经常账户余额	0.0534*** (3.16)	0.0749*** (4.74)	0.0534*** (2.79)	0.0813*** (4.74)	0.372*** (15.84)	0.0885*** (5.76)
常数项	0.417*** (18.68)	0.459*** (21.99)	0.205*** (8.10)	0.242*** (10.70)	0.501*** (16.14)	0.434*** (21.39)
调整的 R^2	0.115	0.112	0.122	0.141	0.171	0.126
观测值	1 683	1 683	1 683	1 683	1 366	1 783

注：*、** 和 *** 分别表示检验统计量在 10%、5% 和 1% 水平上统计显著。

国际金融周期、跨境资本流动与政策效果

表 8-6 和表 8-7 分别展示了加权最小二乘回归下人民币汇率水平和人民币汇率波动对新兴经济体跨境资本流动的影响，结果与混合回归相差不大，汇率水平方面组合投资不再显著，汇率波动方面金融衍生工具投资由原来的不显著变为 1% 正显著。

表 8-6   汇率水平 WLS 回归

变量名称	资本净流入	短期资本净流入	直接投资净流入	组合投资净流入	金融衍生工具投资净流入	其他投资净流入
汇率水平	-0.201*** (-10.25)	-0.178*** (-10.07)	-0.105*** (-4.49)	-0.0114 (-0.61)	-0.0437* (-2.25)	-0.169*** (-9.88)
全球金融市场波动程度	-0.153*** (-7.46)	-0.128*** (-6.46)	-0.0810*** (-3.59)	-0.0725*** (-3.56)	-0.0999*** (-3.24)	-0.0617** (-3.06)
国际流动性	-0.100*** (-5.68)	-0.163*** (-9.63)	0.0493* (2.51)	0.0440** (2.61)	-0.284*** (-14.01)	-0.208*** (-12.43)
金融开放指数	0.0483*** (4.71)	0.0506*** (5.16)	0.104*** (9.35)	0.0687*** (7.04)	-0.0578*** (-4.24)	0.0200* (2.02)
金融发展	0.116*** (8.52)	0.0877*** (6.71)	0.144*** (9.60)	-0.00759 (-0.58)	0.198*** (11.57)	0.126*** (9.75)
经济增长	-0.120*** (-8.48)	-0.120*** (-8.88)	0.0319* (2.15)	0.0684*** (4.82)	0.0455* (2.44)	-0.0911*** (-6.87)
通货膨胀率	0.0722*** (5.32)	0.0662*** (5.19)	0.0624*** (3.83)	0.183*** (13.40)	0.101*** (6.24)	0.0458*** (3.81)
股价增速	-0.0280* (-2.20)	-0.0293* (-2.37)	-0.0430** (-3.03)	0.105*** (8.50)	-0.0733*** (-3.98)	0.0378** (3.00)
经常账户余额	-0.0703*** (-4.61)	-0.0224 (-1.52)	-0.0314 (-1.86)	-0.0469** (-3.10)	0.251*** (10.95)	0.0337* (2.31)
常数项	0.747*** (26.71)	0.766*** (28.98)	0.383*** (12.42)	0.348*** (12.74)	0.630*** (18.72)	0.673*** (25.94)
调整的 R^2	0.114	0.0861	0.120	0.106	0.178	0.0958
观测值	1 683	1 683	1 683	1 683	1 366	1 783

注：*、** 和 *** 分别表示检验统计量在 10%、5% 和 1% 水平上统计显著。

表 8-7　　　　　　　　　汇率波动 WLS 回归

变量名称	资本净流入	短期资本净流入	直接投资净流入	组合投资净流入	金融衍生工具投资净流入	其他投资净流入
汇率波动	0.0150 (1.40)	-0.00464 (-0.47)	-0.00472 (-0.41)	0.0448*** (3.98)	0.00223 (0.16)	0.0247** (2.47)
全球金融市场波动程度	-0.147*** (-6.97)	-0.125*** (-6.14)	-0.0738*** (-3.23)	-0.0827*** (-4.08)	-0.101*** (-3.28)	-0.0670*** (-3.32)
国际流动性	-0.0149 (-1.02)	-0.0766*** (-5.39)	0.110*** (6.88)	0.0625*** (4.66)	-0.266*** (-13.38)	-0.128*** (-8.92)
金融开放指数	0.0378*** (3.68)	0.0433*** (4.41)	0.0993*** (9.03)	0.0700*** (7.21)	-0.0711*** (-5.17)	0.000727 (0.07)
金融发展	0.123*** (8.99)	0.0932*** (7.20)	0.134*** (8.97)	0.00927 (0.73)	0.219*** (12.61)	0.134*** (10.41)
经济增长	-0.0994*** (-6.96)	-0.0990*** (-7.24)	0.0356** (2.38)	0.0706*** (4.95)	0.0535*** (2.90)	-0.0768*** (-5.80)
通货膨胀率	0.0870*** (6.25)	0.0923*** (7.08)	0.0875*** (5.23)	0.166*** (12.95)	0.0973*** (6.18)	0.0628*** (5.13)
股价增速	-0.0368*** (-2.71)	-0.0404*** (-3.07)	-0.0340** (-2.31)	0.0726*** (5.79)	-0.0625*** (-3.39)	0.0124 (0.93)
经常账户余额	-0.0622*** (-3.97)	-0.0171 (-1.14)	-0.0385** (-2.26)	-0.0823*** (-5.54)	0.265*** (11.23)	0.0337** (2.26)
常数项	0.580*** (28.09)	0.606*** (30.32)	0.287*** (12.83)	0.355*** (18.26)	0.572*** (21.64)	0.538*** (26.96)
调整的 R^2	0.0891	0.0646	0.115	0.110	0.174	0.0709
观测值	1 683	1 683	1 683	1 683	1 366	1 783

注：*、** 和 *** 分别表示检验统计量在 10%、5% 和 1% 水平上统计显著。

表 8-8 为双固定效应下人民币汇率水平对新兴经济体跨境资本流动的影响，结果与基础混合回归结果类似，人民币升值会显著促进资本净流入、短期资本净流入、衍生投资和其他投资净流入减少，这与前面的汇率溢出效应相符。直接投资净流入不显著可能由于该类投资具有长期性，无法在人民币汇率升贬值时及时投资或撤资。组合投资净流入不显著的原因可能是该投

资涵盖了股票、债券、金融衍生产品等多种金融产品，该类投资的目的是分散风险，在人民币汇率变化时可能出现双向资本流动的增加，因而该类投资受人民币汇率升贬值的影响并不显著。

表 8-8　　　　　　　　　　　汇率水平双固定回归

变量名称	资本净流入	短期资本净流入	直接投资净流入	组合投资净流入	金融衍生工具投资净流入	其他投资净流入
汇率水平	-0.0310 ** (-2.09)	-0.0264 * (-1.80)	0.0121 (0.79)	0.0166 (1.08)	-0.107 *** (-5.63)	-0.0336 ** (-2.34)
全球金融市场波动程度	-0.210 *** (-5.09)	-0.194 *** (-4.74)	-0.0841 ** (-1.98)	-0.221 *** (-5.17)	-0.0491 (-0.93)	-0.0544 (-1.36)
国际流动性	0.210 (1.59)	0.233 * (1.77)	0.153 (1.12)	0.258 * (1.88)	-0.0976 (-0.57)	0.0878 (0.68)
金融开放指数	-0.000117 (-0.01)	0.0244 (1.44)	-0.00212 (-0.12)	0.0269 (1.51)	0.0617 *** (2.80)	0.00354 (0.21)
金融发展	0.146 *** (7.85)	0.0918 *** (5.00)	0.229 *** (12.00)	0.0421 ** (2.19)	0.230 *** (9.67)	0.123 *** (6.82)
经济增长	0.0603 ** (2.24)	0.0278 (1.04)	0.106 *** (3.84)	0.00551 (0.20)	0.129 *** (3.73)	0.0490 * (1.88)
通货膨胀率	0.000766 (0.03)	0.0133 (0.50)	-0.0348 (-1.26)	0.136 *** (4.91)	0.0275 (0.80)	-0.0430 * (-1.65)
股价增速	0.0238 (1.00)	0.0209 (0.89)	-0.0363 (-1.49)	-0.00797 (-0.32)	0.00391 (0.13)	0.0337 (1.46)
经常账户余额	-0.145 *** (-7.92)	-0.0801 *** (-4.41)	-0.0295 (-1.57)	0.0481 ** (2.53)	0.308 *** (13.08)	-0.0864 *** (-4.86)
常数项	0.507 *** (10.97)	0.533 *** (11.64)	0.268 *** (5.64)	0.436 *** (9.11)	0.378 *** (6.37)	0.514 *** (11.47)
时间固定效应	是	是	是	是	是	是
国家固定效应	是	是	是	是	是	是
组内 R^2	0.170	0.106	0.202	0.0819	0.156	0.111
观测值	2 320	2 320	2 320	2 320	2 320	2 320

注：*、** 和 *** 分别表示检验统计量在 10%、5% 和 1% 水平上统计显著。

第8章 人民币汇率对新兴经济体跨境资本流动的影响

表8-9展示了双固定效应下人民币汇率波动对新兴经济体跨境资本流动的影响,结果与基础混合回归和加权最小二乘回归相比显著性增强,除了直接投资外,其他资本类型均显著,且资本净流入、短期资本净流入、组合投资和其他投资净流入均在汇率波动增大时增加,而金融衍生工具投资与预期假设相反,在汇率波动增大时净流入减少,这可能与金融衍生工具的样本数据特点和自身性质有关,金融衍生工具的跨期性说明了投资者通过对汇率、股价等因素变动趋势的预测决定在未来进行交易,从而使金融衍生资本的流动受主观判断的影响并且跨时段流动;金融衍生工具的杠杆性决定了少量资金带动大额远期合约或互换不同的金融工具的特点;金融衍生工具的联动性是指该类工具与基础产品或变量联系紧密,既可以是简单的线性关系,也可以为非线性函数或者分段函数,这决定了其复杂性和多变性;上述特点揭示了金融衍生工具的高风险性,交易后果取决于交易者对基础工具(变量)未来价格(数值)的预测和判断的准确程度,基础工具价格的变化性决定了金融衍生工具交易盈亏的不稳定性。由于市场对这类投资者的能力要求较高,加上样本中金融衍生工具缺失情况较为严重,并且汇率波动带来风险的同时也伴随着收益,进行此类投资的投资者可能拥有较高的金融知识和能力,善于在风险中谋求收益,因此在汇率波动增大时表现为资本流出;直接投资不显著可能由于该类投资具有长期性,无法在汇率波动较大时及时撤资。

表8-9 汇率波动双固定回归

变量名称	资本净流入	短期资本净流入	直接投资净流入	组合投资净流入	金融衍生工具投资净流入	其他投资净流入
汇率波动	0.0446*** (3.33)	0.0520*** (4.14)	0.0123 (0.91)	0.0903*** (6.69)	-0.0390** (-2.31)	0.0375*** (3.24)
全球金融市场波动程度	4.725*** (2.75)	5.264*** (3.26)	5.295*** (3.03)	6.311*** (3.62)	6.352*** (2.88)	5.375*** (3.65)
国际流动性	0.580*** (3.33)	0.610*** (3.73)	0.597*** (3.37)	0.624*** (3.53)	0.324 (1.45)	0.628*** (4.21)

续表

变量名称	资本净流入	短期资本净流入	直接投资净流入	组合投资净流入	金融衍生工具投资净流入	其他投资净流入
金融开放指数	0.0363*** (3.26)	0.0464*** (4.44)	0.0302*** (2.67)	0.0652*** (5.77)	0.00720 (0.50)	0.0124 (1.30)
金融发展	0.168*** (12.91)	0.125*** (10.21)	0.239*** (18.02)	0.113*** (8.57)	0.176*** (10.54)	0.127*** (11.42)
经济增长	-0.0110 (-0.60)	-0.0188 (-1.09)	0.0250 (1.34)	0.0420** (2.24)	0.149*** (6.30)	-0.0201 (-1.27)
通货膨胀率	0.0985*** (5.96)	0.0894*** (5.77)	0.144*** (8.55)	0.149*** (8.89)	-0.0558*** (-2.63)	0.0885*** (6.26)
股价增速	-0.0267 (-1.52)	-0.0227 (-1.37)	-0.0281 (-1.57)	-0.0781*** (-4.37)	-0.0697*** (-3.09)	0.0274* (1.82)
经常账户余额	-0.0337** (-2.04)	0.00783 (0.50)	0.0952*** (5.66)	0.145*** (8.62)	0.238*** (11.22)	-0.0144 (-1.01)
常数项	-1.540** (-2.03)	-1.758** (-2.47)	-2.052*** (-2.66)	-2.397*** (-3.12)	-2.134** (-2.20)	-1.794*** (-2.77)
时间固定效应	是	是	是	是	是	是
国家固定效应	是	是	是	是	是	是
组内 R^2	0.204	0.205	0.239	0.222	0.249	0.244
观测值	1 683	1 683	1 683	1 683	1 366	1 783

注：*、**和***分别表示检验统计量在10%、5%和1%水平上统计显著。

8.4.5 稳健性检验

为使样本具有随机性，本书将金融危机期间（2008年第三季度~2009年第三季度）的样本予以剔除进行稳健性检验。检验结果显示，在剔除金融危机期间的样本后，各变量的系数大小和方向以及显著性水平与前面的基准回归基本保持一致，证明研究结论是稳健的。考虑到人民币汇率波动的特点和数据的可得性，汇率波动的年度数据过小可能造成模型偏误，故本章以中国与新兴经济体双边汇率替换中美汇率，由此检验上述结论的稳健性。并且,表8-4~表8-9分别采用了混合面板回归、WLS回归和双固定效应回归,回归结果基本保持一致。三种情况下组合投资均不显著,混合回归中除金融衍生工具投资、双固定效应回归中除直接投资外系数均为正显著,即人民币汇率波动增大会导致新兴经济体资本流入,符合预期假设。

8.4.6 进一步讨论

本部分主要讨论人民币汇率政策调整前后人民币汇率波动对新兴经济体跨境资本流动的影响。

8.4.6.1 2020年汇率政策调整的外生冲击检验

2019年8月5日,受单边主义和贸易保护主义措施及对中国加征关税预期等影响,人民币对美元汇率在市场力量推动下贬值突破7.0。人民银行综合施策,加强预期引导,外汇市场运行有序,外汇供需基本自主平衡,人民币汇率实现了预期稳定下的有序调整,被市场称为"不叫改革的改革"。2020年7月9日,在岸和离岸人民币兑美元汇率双双收复7.0关口。由于政策调整增大了人民币汇率的波动幅度,为了探究人民币汇率波动的外生冲击效应,将时间节点2020年及其以后年份取值为1,之前年份取值为0。构建以下计量模型:

$$\text{capitalflow}_{it} = \alpha_0 + \alpha_1 \text{vol}_{it} + \alpha_2 \text{vol} \times \text{reform}_{it} + \sum_{j=0}^{T} \alpha_j \text{control}_{it}^{j} + v_i + u_t + \varepsilon_{it} \quad (8-3)$$

其中,i、t分别表示国家年份;capitalflow表示新兴经济体的六类跨境资本流动;vol表示人民币汇率波动;reform表示政策调整时间的虚拟变量;control表示所有控制变量;v和u分别表示国家和时间固定效应;ε是随机误差项。

表8-10显示政策调整前除直接投资外,人民币汇率波动均会显著影响新兴经济体其他几类跨境资本流动;且除组合投资外,人民币汇率波动与汇率改革的虚拟变量交互项系数显著为正,表明汇率政策调整放大了汇率波动

对新兴经济体跨境资本流入的促进作用,人民币汇率波动增大所带来的外部风险冲击传递效应是客观存在的。

表 8-10　　　　　　　　　汇率波动外生冲击检验

变量名称	资本净流入	短期资本净流入	直接投资净流入	组合投资净流入	金融衍生工具投资净流入	其他投资净流入
汇率波动	0.0281** (2.07)	0.0361*** (2.84)	-0.000855 (-0.06)	0.0759*** (5.55)	-0.0693*** (-4.04)	0.0282** (2.40)
汇率政策调整	0.149** (2.31)	0.131** (2.15)	0.130** (1.99)	0.0157 (0.24)	0.241*** (2.95)	0.103* (1.84)
全球金融市场波动程度	-0.183*** (-4.30)	-0.171*** (-4.25)	-0.0542 (-1.26)	-0.201*** (-4.67)	-0.0429 (-0.80)	-0.0365 (-0.99)
国际流动性	0.0111 (0.08)	0.0591 (0.45)	0.0286 (0.20)	0.106 (0.75)	-0.185 (-1.04)	-0.0359 (-0.30)
金融开放指数	0.0363*** (3.25)	0.0464*** (4.41)	0.0302*** (2.68)	0.0648*** (5.74)	0.00687 (0.49)	0.0129 (1.33)
金融发展	0.169*** (12.90)	0.125*** (10.18)	0.238*** (18.05)	0.114*** (8.64)	0.175*** (10.59)	0.127*** (11.24)
经济增长	-0.00359 (-0.20)	-0.0112 (-0.65)	0.0303 (1.64)	0.0490*** (2.64)	0.150*** (6.44)	-0.0125 (-0.79)
通货膨胀率	0.0983*** (5.87)	0.0899*** (5.71)	0.146*** (8.66)	0.155*** (9.14)	-0.0574*** (-2.71)	0.0923*** (6.37)
股价增速	-0.0184 (-1.06)	-0.0143 (-0.88)	-0.0272 (-1.55)	-0.0682*** (-3.88)	-0.0632*** (-2.87)	0.0295* (1.96)
经常账户余额	-0.0206 (-1.25)	0.0213 (1.38)	0.102*** (6.12)	0.157*** (9.48)	0.244*** (11.74)	-0.00186 (-0.13)
常数项	0.618*** (15.16)	0.631*** (16.43)	0.310*** (7.52)	0.466*** (11.31)	0.698*** (13.52)	0.586*** (16.59)
时间固定效应	是	是	是	是	是	是
国家固定效应	是	是	是	是	是	是
组内 R^2	0.176	0.171	0.223	0.201	0.242	0.198
观测值	1 683	1 683	1 683	1 683	1 366	1 783

注:*、**和***分别表示检验统计量在10%、5%和1%水平上统计显著。

第8章 人民币汇率对新兴经济体跨境资本流动的影响

具体而言，汇率政策调整前人民币汇率波动增大会促进新兴经济体的资本净流入、短期资本、组合投资和其他投资净流入，而抑制金融衍生工具净流入。而政策冲击强化了人民币汇率波动对资本净流入、短期资本净流入、其他投资净流入的正向影响，并显著促进了金融衍生工具投资净流入，1%显著性水平上回归系数达到了0.241。

8.4.6.2 安慰剂检验

该检验是通过构造反事实事件进行再回归以此验证结果的稳健性，本节的主要思路是构建虚假汇率政策调整的时间，这里假定2018年为虚假的汇率政策调整的年份，同样的方法设定0-1虚拟变量，估计结果如表8-11所示。从估计的结果可知，人民币汇率波动的系数与显著性水平与前面相比相差不大，但人民币汇率波动与以2018年为节点的虚拟变量的交互项的系数均不显著，这表明人民币汇率波动对新兴经济体跨境资本流动影响的放大效应确实是由2020年汇率政策冲击造成的，安慰剂检验进一步证明了上述结论的稳健性。

表8-11　　　　　　　　　　外生冲击安慰剂检验

变量名称	资本净流入	短期资本净流入	直接投资净流入	组合投资净流入	金融衍生工具投资净流入	其他投资净流入
汇率波动	0.0292 ** (2.14)	0.0372 *** (2.90)	-0.000688 (-0.05)	0.0790 *** (5.73)	-0.0642 *** (-3.71)	0.0296 ** (2.50)
汇率政策调整	0.0371 (0.91)	0.0303 (0.79)	0.0474 (1.15)	-0.0528 (-1.28)	-0.00383 (-0.07)	0.0140 (0.40)
全球金融市场波动程度	-0.184 *** (-4.33)	-0.172 *** (-4.28)	-0.0555 (-1.29)	-0.200 *** (-4.66)	-0.0443 (-0.82)	-0.0373 (-1.01)
国际流动性	0.0160 (0.11)	0.0633 (0.48)	0.0331 (0.23)	0.105 (0.75)	-0.178 (-1.00)	-0.0327 (-0.27)
金融开放指数	0.0365 *** (3.26)	0.0466 *** (4.42)	0.0304 *** (2.70)	0.0647 *** (5.73)	0.00700 (0.49)	0.0130 (1.34)

续表

变量名称	资本净流入	短期资本净流入	直接投资净流入	组合投资净流入	金融衍生工具投资净流入	其他投资净流入
金融发展	0.169 *** (12.87)	0.125 *** (10.16)	0.238 *** (18.00)	0.115 *** (8.69)	0.176 *** (10.60)	0.127 *** (11.23)
经济增长	-0.00132 (-0.07)	-0.00922 (-0.53)	0.0323 * (1.74)	0.0494 *** (2.67)	0.154 *** (6.61)	-0.0109 (-0.69)
通货膨胀率	0.103 *** (6.18)	0.0939 *** (6.00)	0.150 *** (8.91)	0.157 *** (9.37)	-0.0476 ** (-2.26)	0.0959 *** (6.65)
股价增速	-0.0187 (-1.08)	-0.0147 (-0.89)	-0.0275 (-1.56)	-0.0682 *** (-3.88)	-0.0637 *** (-2.89)	0.0293 * (1.94)
经常账户余额	-0.0192 (-1.17)	0.0225 (1.45)	0.103 *** (6.21)	0.157 *** (9.42)	0.245 *** (11.77)	-0.00109 (-0.08)
常数项	0.612 *** (15.02)	0.625 *** (16.30)	0.306 *** (7.43)	0.462 *** (11.22)	0.684 *** (13.24)	0.581 *** (16.47)
时间固定效应	是	是	是	是	是	是
国家固定效应	是	是	是	是	是	是
组内 R^2	0.175	0.170	0.223	0.201	0.240	0.197
观测值	1 683	1 683	1 683	1 683	1 366	1 783

注：*、** 和 *** 分别表示检验统计量在 10%、5% 和 1% 水平上统计显著。

8.5 机制检验

前面的实证结果表明，人民币汇率水平和汇率波动会显著影响新兴经济体跨境资本流动，具体表现为人民升值会导致新兴经济体资本净流入、短期投资、衍生投资和其他投资净流入减少，人民币汇率波动增大会显著促进资本净流入、短期投资、组合投资和其他投资资本净流入，而抑制金融衍生工具资本净流入。同时汇率政策调整加强了除组合投资外的所有资本在人民币汇率波动增大时的流入效应，说明了汇率政策调整所带来的风险冲击客观存在性。为了验证人民币水平和汇率波动影响新兴经济体跨境资本流动的中介传递效应,本章借鉴鲍迈斯特(Baumeister et al.,1986)的方法构造递推模型,对人民币汇率水平和汇率波动影响新兴经济体跨境资本流动的作用机制进行中介效应检验,相关的模型设置如下:

8.5.1 汇率水平机制检验

$$\text{capitalflow}_{it} = \beta_0 + \beta_1 \text{Rate}_{it} + \sum_{j=0}^{T} \beta_j \text{control}_{it}^j + v_i + u_t + \varepsilon_{it} \quad (8-4)$$

$$\text{CBR}_{it} = a_0 + a_1 \text{Rate}_{it} + \sum_{j=0}^{T} a_j \text{control}_{it}^j + v_i + u_t + \varepsilon_{it} \quad (8-5)$$

$$\text{capitalflow}_{it} = \delta_0 + \delta_1 \text{Rate}_{it} + \delta_2 \text{CBR}_{it} + \sum_{j=0}^{T} \beta_j \text{control}_{it}^j + v_i + u_t + \varepsilon_{it}$$

$$(8-6)$$

其中,i、t 分别表示国家年份;capitalflow 表示新兴经济体的六类跨境资本流动;Rate 表示人民币汇率水平;CBR 是作为中介变量的大宗商品指数;control 表示所有控制变量;v 和 u 分别表示国家和时间固定效应;ε 是随机误差项,若 β_1、a_1、δ_1、δ_2 显著且 $a_1 \times \delta_2$ 与 δ_1 同号则存在部分中介效应。

表 8-12~表 8-14 为人民币汇率水平的机制检验部分。首先,由表 8-12 模型四可知,人民币汇率升值会显著抑制新兴经济体资本净流入、短期投资、衍生投资和其他投资净流入,总效应分别为 -0.031、-0.0264、-0.107 和 -0.0336。在表 8-14 模型六中纳入中介变量国际大宗商品指数后,结果与模型四类似,且资本净流入、短期投资、组合投资、其他投资和衍生金融工具净流入的影响系数分别变为 -0.0299、-0.0253、-0.106 和 -0.0325。其次,由表 8-13 模型五可知,人民币汇率升值使国际大宗商品指数下降,影响系数为 -0.0391。最后,结合模型五和模型六可知,中介效应的系数均为负与直接效应相同,说明了国际大宗商品指数对新兴经济体跨境资本流动确实在中介效应。通过计算,人民币汇率水平对新兴经济

体资本净流入、短期投资,衍生投资和其他投资净流入的中介效应分别为 -0.016、-0.0158、-0.010 和 -0.015,中介效应在总效应中的占比分别为 52.47%、59.83%、8.81% 和 45.85%。

表 8-12　　　　　　　　　总效应检验 (模型四)

变量名称	资本净流入	短期资本净流入	直接投资净流入	组合投资净流入	金融衍生工具投资净流入	其他投资净流入
汇率水平	-0.0310 ** (-2.09)	-0.0264 * (-1.80)	0.0121 (0.79)	0.0166 (1.08)	-0.107 *** (-5.63)	-0.0336 ** (-2.34)
全球金融市场波动程度	-0.210 *** (-5.09)	-0.194 *** (-4.74)	-0.0841 ** (-1.98)	-0.221 *** (-5.17)	-0.0491 (-0.93)	-0.0544 (-1.36)
国际流动性	0.210 (1.59)	0.233 * (1.77)	0.153 (1.12)	0.258 * (1.88)	-0.0976 (-0.57)	0.0878 (0.68)
金融开放指数	-0.000117 (-0.01)	0.0244 (1.44)	-0.00212 (-0.12)	0.0269 (1.51)	0.0617 *** (2.80)	0.00354 (0.21)
金融发展	0.146 *** (7.85)	0.0918 *** (5.00)	0.229 *** (12.00)	0.0421 ** (2.19)	0.230 *** (9.67)	0.123 *** (6.82)
经济增长	0.0603 ** (2.24)	0.0278 (1.04)	0.106 *** (3.84)	0.00551 (0.20)	0.129 *** (3.73)	0.0490 * (1.88)
通货膨胀率	0.000766 (0.03)	0.0133 (0.50)	-0.0348 (-1.26)	0.136 *** (4.91)	0.0275 (0.80)	-0.0430 * (-1.65)
股价增速	0.0238 (1.00)	0.0209 (0.89)	-0.0363 (-1.49)	-0.00797 (-0.32)	0.00391 (0.13)	0.0337 (1.46)
经常账户余额	-0.145 *** (-7.92)	-0.0801 *** (-4.41)	-0.0295 (-1.57)	0.0481 ** (2.53)	0.308 *** (13.08)	-0.0864 *** (-4.86)
常数项	0.507 *** (10.97)	0.533 *** (11.64)	0.268 *** (5.64)	0.436 *** (9.11)	0.378 *** (6.37)	0.514 *** (11.47)
时间固定效应	是	是	是	是	是	是
国家固定效应	是	是	是	是	是	是
组内 R^2	0.170	0.106	0.202	0.0819	0.156	0.111
观测值	2 320	2 320	2 320	2 320	2 320	2 320

注:*、** 和 *** 分别表示检验统计量在 10%、5% 和 1% 水平上统计显著。

第8章 人民币汇率对新兴经济体跨境资本流动的影响

表 8-13　　中介因子 CBR 检验（模型五）

变量名称	国际大宗商品指数（CBR）
汇率水平	-0.0391*** (-3.38)
全球金融市场波动程度	0.0345** (2.05)
国际流动性	-0.505*** (-35.58)
金融开放指数	-0.112*** (-9.35)
金融发展	0.0118 (0.84)
经济增长	0.176*** (9.42)
通货膨胀率	0.0693*** (3.41)
股价增速	-0.0644*** (-3.67)
经常账户余额	-0.0198 (-1.44)
常数项	0.787*** (40.41)
时间固定效应	是
国家固定效应	是
组内 R^2	0.546
观测值	2 320

注：*、** 和 *** 分别表示检验统计量在 10%、5% 和 1% 水平上统计显著。

表 8-14　　　　　　　　　　中介效应检验（模型六）

变量名称	资本净流入	短期资本净流入	直接投资净流入	组合投资净流入	金融衍生工具投资净流入	其他投资净流入
汇率水平	-0.0299 ** (-2.03)	-0.0253 * (-1.73)	0.0128 (0.84)	0.0174 (1.14)	-0.106 *** (-5.60)	-0.0325 ** (-2.27)
国际大宗商品指数	0.416 *** (4.97)	0.404 *** (4.87)	0.250 *** (2.90)	0.297 *** (3.42)	0.241 ** (2.23)	0.394 *** (4.84)
全球金融市场波动程度	-0.0977 ** (-2.08)	-0.0849 * (-1.83)	-0.0164 (-0.34)	-0.141 *** (-2.89)	0.0159 (0.26)	0.0521 (1.14)
国际流动性	0.545 *** (3.68)	0.558 *** (3.80)	0.354 ** (2.32)	0.497 *** (3.23)	0.0958 (0.50)	0.404 *** (2.81)
金融开放指数	-0.000385 (-0.02)	0.0242 (1.43)	-0.00228 (-0.13)	0.0267 (1.51)	0.0615 *** (2.79)	0.00328 (0.20)
金融发展	0.144 *** (7.81)	0.0904 *** (4.94)	0.228 *** (11.98)	0.0410 ** (2.14)	0.229 *** (9.64)	0.121 *** (6.78)
经济增长	0.0512 * (1.91)	0.0190 (0.71)	0.101 *** (3.64)	-0.000976 (-0.04)	0.123 *** (3.57)	0.0404 (1.55)
通货膨胀率	-0.00500 (-0.19)	0.00768 (0.29)	-0.0383 (-1.39)	0.132 *** (4.77)	0.0242 (0.70)	-0.0484 * (-1.87)
股价增速	0.0186 (0.79)	0.0159 (0.68)	-0.0394 (-1.62)	-0.0116 (-0.47)	0.000938 (0.03)	0.0288 (1.26)
经常账户余额	-0.150 *** (-8.20)	-0.0846 *** (-4.67)	-0.0323 * (-1.71)	0.0448 ** (2.36)	0.305 *** (12.96)	-0.0908 *** (-5.12)
常数项	0.321 *** (5.40)	0.352 *** (5.98)	0.156 ** (2.55)	0.303 *** (4.92)	0.270 *** (3.53)	0.338 *** (5.86)
时间固定效应	是	是	是	是	是	是
国家固定效应	是	是	是	是	是	是
组内 R^2	0.179	0.116	0.205	0.0866	0.158	0.120
观测值	2 320	2 320	2 320	2 320	2 320	2 320

注：*、** 和 *** 分别表示检验统计量在10%、5%和1%水平上统计显著。

8.5.2 汇率波动机制检验

$$\text{capitalflow}_{it} = \varphi_0 + \varphi_1 \text{vol}_{it} + \sum_{j=0}^{T} \varphi_j \text{control}_{it}^j + v_i + u_t + \varepsilon_{it} \quad (8-7)$$

$$\text{EMBI}_{it} = \emptyset_0 + \emptyset_1 \text{vol}_{it} + \sum_{j=0}^{T} \emptyset_j \text{control}_{it}^j + v_i + u_t + \varepsilon_{it} \quad (8-8)$$

$$\text{capitalflow}_{it} = \gamma_0 + \gamma_1 \text{vol}_{it} + \gamma_2 \text{EMBI}_{it} + \sum_{j=0}^{T} \gamma_j \text{control}_{it}^j + v_i + u_t + \varepsilon_{it}$$
$$(8-9)$$

其中，vol 表示人民币汇率波动；EMBI 为中介变量摩根大通新兴经济体债券指数，若 φ_1、$\emptyset_1$、γ_1、γ_2 显著且 $\gamma_2 \times \emptyset_1$ 与 γ_1 同号则存在部分中介效应，模型其他解释同前面汇率水平。

表 8-15 ~ 表 8-17 为人民币汇率波动的机制检验部分。首先，由表 8-15 模型四可知，人民币汇率波动会显著影响新兴经济体除直接投资的其他跨境资本流动，表现为促进资本净流入、短期投资、组合投资和其他投资净流入，抑制金融衍生工具资本净流入，这与前面的基准回归和机制检验中模型四的回归结果相似，总效应分别为 0.0446、0.0520、0.0903、0.0375 和 -0.0390。在表 8-17 模型六中纳入中介变量新兴市场债券指数后，结果与模型四类似，且资本净流入、短期投资、组合投资、其他投资和金融衍生工具投资净流入的影响系数分别变为 0.0311、0.0388、0.0762、0.0303 和 -0.0644。其次，由表 8-16 模型五可知，汇率波动的系数显著为正，说明了人民币汇率波动增大会显著促进新兴市场债券指数增大，使投资者对新兴经济体风险感知增强，影响系数为 0.0753。最后，模型六中除了资本净流入和直接投资净流入外新兴市场债券指数对新兴经济体其他类别跨境资本流动的影响均通过了显著性检验，且间接效应的系数均为正，与直接效应相同，说明了新兴市场债券指数对新兴经济体跨境资本流动确实存在中介效应。

表 8-15 总效应检验（模型四）

变量名称	资本净流入	短期资本净流入	直接投资净流入	组合投资净流入	金融衍生工具投资净流入	其他投资净流入
汇率波动	0.0446 *** (3.33)	0.0520 *** (4.14)	0.0123 (0.91)	0.0903 *** (6.69)	-0.0390 ** (-2.31)	0.0375 *** (3.24)
全球金融市场波动程度	-0.184 *** (-4.32)	-0.171 *** (-4.27)	-0.0550 (-1.28)	-0.201 *** (-4.67)	-0.0444 (-0.82)	-0.0371 (-1.01)
国际流动性	0.0154 (0.11)	0.0629 (0.48)	0.0324 (0.23)	0.106 (0.75)	-0.178 (-1.00)	-0.0329 (-0.27)
金融开放指数	0.0364 *** (3.25)	0.0465 *** (4.42)	0.0303 *** (2.69)	0.0648 *** (5.74)	0.00701 (0.50)	0.0129 (1.33)
金融发展	0.169 *** (12.92)	0.126 *** (10.20)	0.239 *** (18.06)	0.114 *** (8.64)	0.176 *** (10.60)	0.128 *** (11.25)
经济增长	-0.00122 (-0.07)	-0.00913 (-0.53)	0.0324 * (1.75)	0.0493 *** (2.66)	0.154 *** (6.61)	-0.0109 (-0.68)
通货膨胀率	0.104 *** (6.31)	0.0952 *** (6.12)	0.152 *** (9.08)	0.155 *** (9.29)	-0.0477 ** (-2.28)	0.0964 *** (6.73)
股价增速	-0.0187 (-1.07)	-0.0146 (-0.89)	-0.0274 (-1.56)	-0.0682 *** (-3.88)	-0.0637 *** (-2.89)	0.0293 * (1.94)
经常账户余额	-0.0198 (-1.21)	0.0220 (1.42)	0.102 *** (6.16)	0.157 *** (9.48)	0.245 *** (11.79)	-0.00133 (-0.09)
常数项	0.609 *** (15.00)	0.623 *** (16.29)	0.302 *** (7.37)	0.466 *** (11.34)	0.684 *** (13.28)	0.580 *** (16.48)
时间固定效应	是	是	是	是	是	是
国家固定效应	是	是	是	是	是	是
组内 R^2	0.175	0.170	0.222	0.201	0.240	0.197
观测值	1 683	1 683	1 683	1 683	1 366	1 783

注：*、** 和 *** 分别表示检验统计量在 10%、5% 和 1% 水平上统计显著。

表 8-16　　　　　中介因子 EMBI 检验（模型五）

变量名称	新兴经济体债券指数（EMBI）
汇率波动	0.0753*** (5.47)
全球金融市场波动程度	0.367*** (17.61)
国际流动性	-0.167*** (-10.18)
金融开放指数	-0.0461*** (-4.20)
金融发展	0.00641 (0.48)
经济增长	0.0923*** (5.20)
通货膨胀率	0.299*** (18.89)
股价增速	0.210*** (12.43)
经常账户余额	0.0568*** (3.45)
常数项	0.247*** (10.81)
时间固定效应	是
国家固定效应	是
组内 R^2	0.582
观测值	3 712

注：*、** 和 *** 分别表示检验统计量在 10%、5% 和 1% 水平上统计显著。

表 8-17 中介效应检验（模型六）

变量名称	资本净流入	短期资本净流入	直接投资净流入	组合投资净流入	金融衍生工具投资净流入	其他投资净流入
汇率波动	0.0311** (2.31)	0.0388*** (3.06)	0.00178 (0.13)	0.0762*** (5.60)	-0.0644*** (-3.77)	0.0303*** (2.59)
摩根大通新兴市场债券指数	0.0207 (1.30)	0.0410*** (2.75)	-0.00798 (-0.50)	0.0288* (1.76)	0.0968*** (4.84)	0.0402*** (2.93)
全球金融市场波动程度	-0.111*** (-5.10)	-0.115*** (-5.77)	-0.0860*** (-4.04)	-0.161*** (-6.99)	-0.0932*** (-3.48)	-0.0314* (-1.71)
国际流动性	0.0250 (1.54)	-0.00716 (-0.48)	0.0789*** (4.90)	0.00135 (0.08)	-0.269*** (-13.30)	-0.0631*** (-4.55)
金融开放指数	0.0260** (2.45)	0.0375*** (3.74)	0.0203* (1.89)	0.0433*** (4.05)	-0.0112 (-0.83)	0.0160* (1.73)
金融发展	0.183*** (14.08)	0.139*** (11.36)	0.250*** (19.18)	0.116*** (8.86)	0.168*** (10.22)	0.143*** (12.68)
经济增长	0.0581*** (3.40)	0.0483*** (3.01)	0.0654*** (3.81)	0.0632*** (3.65)	0.186*** (8.64)	0.0496*** (3.36)
通货膨胀率	0.144*** (8.78)	0.134*** (8.85)	0.183*** (11.27)	0.177*** (11.06)	-0.0177 (-0.87)	0.132*** (9.42)
股价增速	0.0277* (1.66)	0.0330** (2.11)	-0.0146 (-0.88)	-0.0279* (-1.66)	-0.0227 (-1.08)	0.0607*** (4.22)
经常账户余额	0.00223 (0.14)	0.0484*** (3.22)	0.1000*** (6.23)	0.171*** (10.62)	0.251*** (12.42)	0.0207 (1.50)
常数项	0.305*** (13.52)	0.320*** (15.14)	0.150*** (6.64)	0.254*** (11.27)	0.454*** (16.00)	0.335*** (17.23)
时间固定效应	是	是	是	是	是	是
国家固定效应	是	是	是	是	是	是
组内 R^2	0.178	0.173	0.225	0.208	0.242	0.198
观测值	1 548	1 548	1 548	1 548	1 237	1 548

注：*、** 和 *** 分别表示检验统计量在 10%、5% 和 1% 水平上统计显著。

第8章 人民币汇率对新兴经济体跨境资本流动的影响

为进一步检验中介效应，采用Bootstrap重复抽样（1 000次）得到新兴经济体各类跨境资本流动偏差矫正后的95%置信区间，如表8-18所示，资本净流入、组合投资和其他投资净流入的置信区间均不包含0，说明人民币汇率波动与新兴经济体这三类资本流动间确实存在中介效应。对于其他三类跨境资本来说，直接投资属于长期投资，因此汇率波动对其影响并不显著；而金融衍生工具投资由于其本身产品的特殊性并伴有跨期性、杠杆性、联动性和高风险性的特点，在人民币汇率波动增大时表现为该类投资净流入减少，中介效应不存在可能是样本中关于此类的数据缺失情况较严重从而对结果产生影响；资本净流入的中介效应不存在，可能由于该类资本为所有类别跨境资本净流入的总和，直接投资和金融衍生工具投资对总结果产生影响。综上可知，人民币汇率波动与新兴经济体的短期投资、组合投资和其他投资净流入之间确实存在部分中介效应，通过计算，人民币汇率波动经由风险感知渠道影响新兴经济体的这三类资本流动的中介效应分别为0.0031、0.0022和0.0030，中介效应在总效应中的占比分别为5.94%、2.40%和8.07%。

表8-18　　　　　　　　Bootstrapping中介效应检验

变量名称	偏差矫正后的95%置信区间上线	偏差矫正后的95%置信区间下线
资本净流入	-0.009773	0.031984
短期资本净流入	0.005823	0.0449513
直接投资净流入	-0.015761	0.0301306
组合投资净流入	0.0343579	0.0806559
金融衍生工具投资净流入	-0.0458906	0.0303588
其他投资净流入	0.0035393	0.0413721

8.6　结论与政策建议

本章论证并实证检验了人民币汇率对新兴经济体跨境资本流动的影响。研究结果表明，人民币汇率水平和汇率波动对跨境资本流动均产生了重要的影响。同时也表明人民币汇率水平上升会导致资本净流入减少。而人民币汇率波动上升将导致资本净流入增加。而国际大宗商品价格和风险感知分别是汇率水平和汇率波动影响新兴经济体跨境资本流动的中介渠道。本章的研究结果政策价值显著。人民币汇率波动对新兴经济体跨境资本流动产生的重要影响表明中国在区域金融体系中的地位愈加重要，人民币将逐步承担区域货币职能，发挥区域核心货币的作用，这对人民币国际化进程的推进具有重要的指导意义。

第9章

国际金融周期背景下政府
资本项目管制方案

在国际金融周期背景下，政府面临更严峻的资本项目管理问题。本章梳理关于资本管制的相关理论，以及资本管制有效性的讨论，并结合前序章节论述国际金融周期背景下政府资本项目管制方案。

9.1 资本管制政策的理论支撑

资本管制政策有三种理论作为支撑（郎晓龙，2007）：（1）次优理论：如果市场制度本身存在着缺陷，或由于某种原因造成市场失灵，使市场不能发挥正常的功能，存在着扭曲现象，则通过政府的强制性干预，可以部分或全部地消除市场扭曲的不利影响，从而提高整个社会的福利水平。（2）政策实行理论：在一国实行固定汇率制或某种有管理的浮动汇率制的条件下，面临着政策工具与政策目标不匹配的问题，即"米德冲突"问题。政府可以利用财政政策实现充分就业的目标，货币政策则要同时实现抑制通胀和保持汇率稳定的双重目标。通过资本管制就可以实现保持汇率稳定的目标。（3）多重均衡理论：在自由化市场机制的作用下，经济可能存在着多重均衡。对应于不同的市场预期，经济会达到不同的均衡状态。自我实现的市场预期可能导致经济处于不利的均衡状态。实行资本管制能够使多重均衡变为单一均衡，并使经济均衡的结果更为有利，使社会总体福利水平提高。

资本管制的实现方式可分为直接管制和间接管制。直接管制即行政管制，就是直接限制相关的跨境资本流动数量。包括外汇管制、数量限制、审批程序要求等。间接管制主要通过提高交易成本来抑制相关的资本流动。包括二元（多元）汇率制，即双轨汇率制，指对不同的外汇交易实行不同的汇率，通过人为地将市场分割分别控制不同类型的资本流动；托宾（Tobin, 1978）提出托宾税，即对跨境资本流动征收的交易税，它的设想被称为"向国际金融体系的车轮撒一把沙子"，其目的是通过提高交易成本抑制短期的资本流动，提高国际金融体系的稳定性。其他间接管制措施包括对商业银行的净外部头寸要求，对长期头寸和短期头寸实行不同的最高限额要求，对居民和非居民的差别待遇，企业对外借款的特定信用等级要求，以及对特定交易的报告要求等。

9.2 关于资本管制有效性的讨论

当前学界对资本管制有效性的讨论分定性研究和定量研究。定性研究主要从政策理论角度出发，资本管制本来就是经济手段和政策制度的结合，将政策制度和资本管制措施结合讨论其实施的有效性也是一部分学者的切入点。按定量和定性分析为基础，再将其细化，将文献分类为四种。

（1）从政策理论角度讨论。巴托里尼和德拉赞（Bartolini & Drazen, 1997）认为，资本管制措施常常是政府政策失灵和经济基本面脆弱的信号，市场主体在不良信号预期的指引下丧失信心，并导致资本撤离和金融危机的发生。爱德华兹（Edwards, 1999）指出，资本管制会滋生腐败，导致资源配置的扭曲，市场经济参与者将会不停地寻找机会规避管制，使资本管制的效果甚微。贝卡尔特和哈维（Bekaert & Harvey, 2000）同样认为，国际投资者始终会想办法规避资本管制，导致资本管制无效，同时还会导致市场价格扭曲,增加交易成本,加重企业成本负担。孙立坚和孙立行(2003)提出了通过建立直接体现资本管制有效性的动态参数判断资本管制政策有效性变化的方法。卡洛斯(Carlos,2017)把资本管制看作进入成本,则投资者数量会减少,继而会降低市场容纳大量资金的能力。如果把资本管制看作交易成本,则会减少有效的资本流动。

近年来,一些学者把宏观审慎政策和资本管制相结合。海琳(Helene,2013)认为,资本管制是将一国与国际金融周期隔离开来的一种措施,并将它看作宏观审慎政策的补偿措施。帕斯里查(Pasricha,2017)从政策理论角度讨论资本管制产生原因,认为资本管制是宏观审慎和重商主义的双重结果,重商主义体现为资本的难进易出,而对资本流入的管制则是宏观审慎的体现。资本管制能够使一国在国际贸易中保持竞争优势,并不是专门用来应对国际之间货币借贷的手段。

(2)以国家为研究对象的实证研究。20世纪80年代亚洲金融危机的爆发致使许多新兴市场国家实施了各种资本管制措施并取得了一定的成果。一些学者就以国家为分析对象,着重分析了一些资本管制效果显著的国家并得出了结论。一些发展中国家为应对金融危机实施了资本管制的政策,其中一些国家取得了较显著的成果,最有代表性的就是智利。1982年智利的经济出现衰退,外资大量撤出,引发了严重的货币危机和银行危机。为摆脱危机,智利政府进行了广泛的经济改革。爱德华兹(Edwards,1987)研究了智利在过去25年中的资本流动情况,并与哥伦比亚和墨西哥的情况进行了比较。研究结果表明资本管制既没有影响实际汇率的长期水平,也没有使当局具备长期控制利差水平的能力。大卫(David,2008)对智利和哥伦比亚的价格型资本管制效果做了研究,发现两国在缓解汇率波动上效果欠佳。德格雷戈里奥、爱德华兹和瓦尔德斯(De Gregorio,Edwards and Valdes,2000)对智利的资本管制进行分析,发现资本管制不能改变资本流动的总量,但有效改变了资本流入的结构,使短期资本减少,中长期资本增加。还有一些学者对实施资本管制措施较多的新兴市场国家进行分析,以国家经验讨论资本管制是否有效:爱迪生和莱因哈特(Edison & Reinhart,2001)利用 1999 年的巴西和 1997 年泰国的日度数据进行了分析，结果发现这两个国家的资本管制都没有很好地稳定汇率。格里尔和迈尔西—法拉帝（Grill and Milesi – Ferretti，1995）通过对 61 个发展中国家和发达国家的研究发现，在较长时间范围内，实行资本管制的国家似乎都经历过较高通货膨胀率时期，财政上的考虑是决定是否实行资本管制的最重要的决定因素。马古德等（Magud et al.，2007）基于文献发掘法将每篇文献的信息进行标准化处理，从而利用文献研究结论评价了跨国家、跨时期资本管制的效果。该文章共收集 1995~2005 年样本文献 30 篇，涉及国家包括巴西、智利、马来西亚、哥伦比亚、泰国等七个国家。总体结论是对资本流入管制的研究大多表明资本流入管制有助于提高货币政策独立性，改变资本流动结构，并减缓汇率升值压力，而对资本流出管制的研究结果则表明，马来西亚对资本流出的管制效果较为成功，而其他国家似乎都没有充分的证据证明资本管制有效。我国学者李银华、杨海珍（2011）在马古德（Magud）的研究基础上，沿用其方法，将样本的范围扩充，涵盖了金融危机背景下各国采取资本管制效果的相关文献，一共收集了 1995~2009 年的 56 篇文献，通过对文献研究方向的不同，将文献分为研究资本流入、研究资本流出、研究跨国面板资本管制三类，对每篇文章获得的结论打分，总结发现，世界各国及跨国资本管制效果的研究，对资本流入的管制有助于调整资本流动结构，对资本流出的管制在维持货币政策独立性方面效果较好，而两者的管制对维持汇率稳定都基本无效果。

（3）根据资本管制预期目标，以货币政策独立性为衡量标准。货币政策独立性是目前被大多数学者认定的衡量资本管制有效性的一项指标，学者往往利用同种金融工具在国内与国际市场上的价格差异（反应货币政策的独立性）作为衡量资本管制有效性的标准，货币政策独立性是资本管制的核心目标（张斌，2002）。只有在资本账户被管制时，货币政策才得以独立（Helene，2013），独立的货币政策是一国资本管制效果的直接体现。塔米里萨（Tamirisa，2004）利用误差修正模型对 1991 年 1 月~2002 年 12 月（月度数据）的马来西亚资本管制做了研究，发现马来西亚对资本流入的管制

第9章 国际金融周期背景下政府资本项目管制方案

有助于提高本国利率，对资本流出的管制有效降低了本国利率，较好地维护了货币政策的独立性。斯蒂芬、维蒂格和沃尔夫（Stefan，Verteeg & Wolff，2013）选取货币政策独立性为衡量指标，对11个发达国家和11个发展中国家的面板数据进行抛补利率平价（CIP）和非抛补利率平价（UIP）偏离的平稳性分析，发现资本管制使抛补利率平价（CIP）产生了很小但很显著的偏离，且对发达国家和发展中国家都得出了相同结论，而资本管制对于非抛补利率平价的偏离没有解释力。黄玲（2011）通过研究118个新兴市场国家和地区在1970~2008年的资本管制效果，发现资本管制越严格的国家和地区，经济基本面越脆弱，更容易发生货币危机。刘莉亚等（2013）结合上述的结果，选取2002~2009年105个国家的年度数据对国际资本总流动、国际资本流动的年度波动、国际资本异常流动三个角度进行回归分析，发现资本管制对资本流动的作用效果十分有限。

（4）根据指标，从货币流动总量和结构分析。还有一些研究是针对国家的资本流动总量和结构来进行分析，其对象依旧是特定的新兴市场和发展中国家。货币流动总量和结构能够直观地反映一国的资本管制政策是如何实行的。贾亚苏里亚和刘振宇（Jayasuriya & Chen-Yu Leu，2012）使用1990~2010年的季度数据，利用SVAR模型对印度尼西亚资本管制有效性进行研究，结果表明印度尼西亚资本流入和资本流出管制对直接投资有明显效果，而对于资本总流动无效，而2000~2010年资本管制对资本总流动有短时效果，并能改变资本流动结构。约翰逊和瑞安（Johnson & Ryan，1994）对52个发展中国家和工业国家在一年期间实行资本管制的有关数据进行研究，发现资本账户中官方资本净流动与私人资本净流动之间的构成变化取决于政府的行为。工业国家取消对资本流出的管制似乎的确影响私人资本的结构和总的流量，直接投资和长期证券投资似乎对资本管制十分敏感。但发展中国家的数据显示，资本管制似乎对私人资本流动总量及构成不产生影响。王晋斌、袁忆秋和戴颖玥（2013）改进了OECD的Share指标，用新指标衡量了18个新兴市场经济体2004~2009年的资本项目开放度，使用固定效应模型进行实证检验，研究发现，资本管制能够有效降低资本流入总量规模，显著改变资本流入的结构，会显著降低短期资本占资本流入总量比例，同时发现，资本管制强度与长期投资资本流入的规模及其占资本流入总量的比重呈显著的正相关关系，从而认为这期间的资本管制颇具有效性。

梳理与资本管制有效性的相关文献，总体有以下特征：第一，有关资本管制是否有效的问题没有得出一般性的结论，即使针对我国这一限定的背景，各学者仍莫衷一是。第二，对资本管制有效性的测定还没有得出被人认可的一般性指标。大多数文献的实证模型结果都证明中国的资本管制在短期是有效性的，而在长期有效性甚微（温建东等，2010；苟琴等，2012；高天畅，2017）。一些学者认为，要想使资本管制持续起作用，不仅要进一步完善措施，还要将其逐渐转变为市场主导的管制（付伟，2017）。还有一部分学者通过模型建立和指标分析发现了资本管制的漏洞，认为资本管制阻碍资本流动，并且通常需要付出很大的管理成本（金荦等，2005）。第三，近年来已经有一部分学者将资本管制与当前时势和一些特殊背景结合进行综合的讨论，根据特定的情况来分析资本管制措施，或者干脆将资本管制当作其中一个重要部分来讨论。资本管制的有效性逐渐受到越来越多的肯定，对它的分析也偏向全面（葛奇，2017；谭小芬等，2017）。

9.3 中国资本项目开放与管制

9.3.1 我国资本项目开放进程

以史为鉴，发展中国家在金融自由化的进程中，过快开放资本市场容易导致国际游资的冲击，引发金融危机。例如，20世纪八九十年代拉美债务危机，1997年泰国、2002年巴西、2004年墨西哥的货币危机，均与过早开放资本市场关系密切。2008年金融危机之后，国际货币基金组织（IMF）于2011年发布《资本流入管理的近期经验——可能的管制政策框架》报告，认可资本管制政策措施的必要性。改革开放以后，我国开始探索资本项目开放路径。1994年我国结束汇率双轨制，1996年实现经常项目可兑换。2001年我国正式加入WTO，与国际经济关系更加紧密，资本项目开放步伐加快。2001年允许合格国内投资者购买B股，2002年和2006年实施合格境外机构投资者（QFII）和合格境内机构投资者（QDII）制度，允许境外（境内）机构投资者参与境内（境外）资本市场投资活动。2014~2017年陆续实施"沪港通""深港通""债券通"等政策，扩大资本项目开放途径。

9.3.2 我国资本项目管制的实践效果

我国即使有许多的政策已经逐渐放宽，但与完全开放仍有很长的距离，在这种情况下讨论资本管制有效与否会更有难度（Magud，2011）。苟琴、王戴黎等（2012）参照IMF的《汇兑安排与汇兑限制年报》中对资本管制强度构建的虚拟变量，根据中国国情，选取了1991年1月~2010年12月的短期资本流动月度数据，将资本账户管制按照43种不同资产类别构建资本管制强度指数，研究发现，1999~2010年的资本管制对短期资本流动的控制是有效的。张博等（2013）利用储蓄—投资率法对中国资本管制有效性进行了实证分析，他认为资本管制在我国短期是有效的，而长期来看有效性会减弱，在日后应当降低资本管制措施。曾韶龙（2013）也通过投资储蓄的短期长期静态动态的结合分析法、对UIP进行平稳性检验的利率平价法和抵消系数法分别对中国资本管制有效性进行了实证分析，都得出了一致的结论，即中国资本管制是有效的，但长期来看，有效性趋于减弱。温建东等（2010）建立了价格指标和流量指标，比较了中美汇率，利用NDF贴水和中美利差、股票收益建立回归模型，得出中国的资本管制是有效的结论。巨亚茹（2013）先通过比较中国资本管制政策实施前后资本流动规模与结构的变化，进行定性分析，得出资本管制在引导资本流动方面的有效性，然后建立VAR模型，通过脉冲响应函数定性分析我国资本管制的有效性，同样得出中国资本管制只在短期有效，长期效果减弱的结论。

近年来，学者对资本管制有效性的认识更进了一步，在研究上有了创新。付伟（2017）认为，模型检验是将资本管制强度与有效性混淆，他用直接分析法对跨国贸易投资管制进行直接评估的约束性测量。用投资—储蓄相关法评估了跨境资本流动管理的有效性，并肯定了资本管制在短期内的有效性并建议我国能推出中国版的托宾税，运用市场化的间接管理手段来实行资本管制。戴维斯（Davis，2017）认为，资本管制是避免中国处在金融周期顶峰时期发生金融危机的一个重要原因，并且是稳定货币的一种手段。谭小芬、高志鹏（2017）将资本管制作为影响中美两国利率平价偏离度的一项指标，并得出结论认为资本管制是最主要的影响因素，资本管制应与货币政策相协调从而助于推动人民币国际化进程。葛奇（2017）就将宏观审慎政策和资本管制措施结合，讨论两项措施在新兴市场国家中实施的效果，并分析了中国在资本账户自由化过程中资本管制应当如何实施。他充分肯定了资本管制的必要性，并建议中国应该将跨境资本的流出入管理作为其推行资本账户自由化的整体过程一个组成部分，通过积极的资本流动管理为资本账户的进一步自由化创造必要的条件。

通过对我国资本管制实践效果的相关文献总结，可以发现，关于我国资本管制有效性的问题依然尚未有定论。但大部分的文献支持资本管制的短期效果比长期效果好的研究结论。可以预见的是，随着我国资本项目开放进程加快，实现对资本项目的更高效、更精准的管理具有重要的研究价值。

9.3.3 国际金融周期背景下资本项目管理

2008年金融危机之后，学术界开始关注金融摩擦在经济运行中发挥的作用。本书第4章的研究结论表明，在金融周期的影响下，资本管制与资本流动具有非线性关系。在金融高涨期以及金融衰退期，资本管制的效果不及金融平稳期。相比较发达国家，发展中国家的管制效果受到金融周期的影响更强。因此，结合我国资本管制的政策实践，在全球金融一体化背景下，应当结合金融周期特征进行资本项目管理。在金融周期的平稳期采用资本管制措施调节资本流动的方向和规模，而在金融高涨期和衰退期，资本管制的政策效果不佳，可以结合宏观审慎管理措施针对不同类别的资本流动进行针对性的逆周期管理。从微观视角而言，可以通过干预微观主体的预期，进而影响其跨境投资决策。本书的第 5 章进一步论证了资本管制对不同类别资本急停的政策效果。研究结果表明，资本管制是防范流入驱动型资本急停的有效手段，而并非是应对流出驱动型资本急停的明智之举。这一研究结果为我国防范不同流向的资本急停提供针对性的政策指导。我国可以采取资本管制措施防范流入驱动型资本急停，而对于流出驱动型资本急停可以更多地采取宏观审慎管理等措施，有针对性地调控资本流动的方向和程度。

第 10 章

国际金融周期背景下人民币汇率制度安排方案

浮动汇率作为跨境资本流动的稳压器,在防范大规模资本流动中发挥着相应的作用,然而关于汇率浮动是否可以防范大规模资本流动并无定论。本章梳理人民币汇率改革进程,并结合前序章节论述国际金融周期背景下人民币汇率制度安排方案。

10.1 人民币汇率与资本流动

已有大量文献探讨汇率制度与资本流动的关系,而关于防范资本大规模冲击的人民币汇率政策安排研究是学术界的难点问题,由于历史数据限制以及缺乏政策抓手,关于此议题的研究更多地集中于规范性的描述(陈中飞等,2018)。与此相关的实证性研究也多集中于检验人民币汇率波动与短期资本流动的影响关系(田涛,2016;魏巍贤和张军令,2018;路妍和张寒漪,2020),鲜有涉及人民币汇率政策安排对防范大规模资本流动的系统论证。2005 年我国开始实施有管理的浮动汇率,但实际上基本还是实行单一锚定美元的固定汇率(Frankel & Xie,2010),而 2015 年汇改实施做市商制度增强了汇率的市场化程度,当前的"去美元化"浪潮推动人民币汇率市场化程度加快的同时，资本急停风险增加，关于防范资本急停的人民币汇率政策研究具有重要的现实意义。

10.2 人民币汇率制度改革进程

改革开放以来，人民币汇率制度改革经历了以下几个阶段。1987~1993年，为鼓励国内企业出口贸易，实施从单一汇率制转为双重汇率制。而汇率双轨助长了投机行为，为稳定人民币信誉，并适应不断扩大的对外贸易格局，1994年我国从单一汇率转为双轨制。2005年，人民币汇率不再盯住单一美元，而是参考一揽子货币有管理的浮动汇率制度。2015年，人民币参考上日"收盘汇率"，同时参考一揽子货币汇率变化。从人民币汇率制度改革的历程来看，人民币浮动是趋势。而从另一角度来看，人民币汇率浮动与人民币国际化相辅相成。人民币走向世界是中华民族伟大复兴的重要一环。而一国货币成为国际货币的首要前提是可以承担国际货币的职能——价值尺度、交易媒介和价值贮藏。而这些功能的实现需要人民币实现市场化自由化，可以充分地进行交易。因此，人民币汇率自由浮动是人民币国际化的内在要求。从这个角度来讲，人民币汇率浮动制是最终选择。2009年人民币跨境结算业务在上海试点，标志着人民币跨境结算破题。2010年人民币申请加入SDR被驳回，原因在于加入SDR要求该主权货币可以被自由使用，就此我国进行了一系列努力，2014年人民币兑美元汇率区间由1%扩大至2%，同年7月沪港通正式开始交易，2015年4月央行批准大量境外机构进入银行间债市，2015年5月实施存款保险条例，为利率市场化奠定基础，11月将金融机构存款利率浮动上限从1.3倍调整至1.5倍。三类境外机构参与银行间债市的额度通过备案制完成，投资范围也相应扩大。2015年8月和9月央行宣布将进一步完善人民币汇率中间价报价，并放宽跨境双向人民币资金池业务。2015年10月人民币跨境支付系统上线运行、推进自贸区金融开放创新试点，2016年底人民币正式加入SDR，所占份额超过日元、英镑。此外，在"一带一路"倡议框架下，通过和"一带一路"沿线国家签署货币互换协议等促进人民币交易流通。而现阶段，人民币国际化全面铺开，人民币汇率自由浮动的需求增强。

10.3　人民币汇率制度安排探索

如前述章节所述，"二元悖论"认为在国际金融运行的周期性，导致在开放资本市场的前提下，即使汇率浮动依然无法保证一国货币政策的独立性。因此，在开放经济下汇率浮动作为跨境资本流动稳压器的作用受到质疑。因此，汇率制度的制定更具有挑战性。2020 年底区域全面经济伙伴关系（RCEP）及中欧投资协定谈判达成，为我国"十四五"时期迎接金融开放新格局打开思路。如何构建与核心国、区域合作国之间汇率联动关系，不仅是防范异常资本流动的重要举措，也是提升人民币国际地位的重要契机。2019 年底暴发的新冠肺炎疫情，美国实施"无上限"量化宽松货币政策缓解国内政治经济压力，在一定程度上对美元的国际货币地位产生冲击，而在当前国际货币体系下美元的国际货币地位依然稳定，各国货币依然将美元作为"软"锚定货币。2020 年 3 月新冠肺炎疫情蔓延，而美元指数于 3 月 19 日突破 100，部分表明在面临全球性的风险冲击时，美元仍然是首选的避险货币。并且，本书第 7 章的研究结果表明，锚定美元仍然是发展中经济体防范资本流动的重要政策安排。基于此，在人民币汇率改革的进程中，重视美元在人民币汇率中的比重仍然至关重要。本书第 8 章探讨了人民币对新兴市场国家跨境资本流动的影响方向与程度，研究结果表明，人民币汇率波动显著影响了新兴经济体跨境资本流动的方向，由此在一定程度上表明，人民币汇率波动在新兴市场中发挥了越来越重要的角色。

本书的第 5 章~第 6 章都在讨论汇率和资本流动的问题。第 5 章的研究结论表明，对于发展中经济体而言，在国际金融周期背景下，稳定的汇率制度对防范资本急停发挥着重要的作用。第 6 章进一步肯定了新兴经济体锚定美元的汇率制度在防范资本急停的过程中发挥的积极作用。第 7 章研究新兴经济体不同的投资主体对汇率波动产生的反应，论证了汇率波动对跨境投资者的影响显著。第 8 章以人民币为核心，论证人民币汇率水平和波动是否影响了新兴经济体的跨境资本流动，证实人民币在区域范围内发挥的核心货币的作用。结合以上研究结果，人民币要成为国际货币，实现世界货币职能，自由与浮动不仅是发展趋势更是内在要求。然而，作为新兴经济体，当前锚定美元并保持汇率的稳定对防范资本大规模流动具有重要性。另外，作为新兴经济体的重要国家之一，人民币正在逐渐实现区域货币职能，继续增强在新兴市场中的主导性作用，通过周边化、区域化逐步实现汇率市场化自由化是可行路径。

第11章

研究结论与启示

本书以国际金融周期为背景,研究资本管制、汇率制度对资本流动的政策效果。首先,论证了国际金融周期的非线性特征;其次,考察了国际金融周期条件下的资本管制效果;再其次,考察了汇率制度安排对跨境资本流动的效果;最后,梳理资本管制与汇率制度的政策实践,结合本书研究结论,提出在国际金融周期背景下我国应对跨境资本流动的资本管制与汇率制度安排政策建议。本书的逻辑体系清晰,研究内容充实,政策落地方向明确。

11.1 主要研究结论

本书主要研究结论如下。

(1) 国际金融周期存在显著的周期性波动特征,且在两个区制内均具有较强的稳定性,而在高区制受到美国货币政策的影响显著,具体表现为美国加息将会对全球避险情绪产生滞后的正向强化的作用。中国货币政策存在显著的"自维性"特征,在高利率区制受到国际金融周期的影响显著,而在低利率区制受国际金融周期的影响有限。

(2) 考虑金融周期的条件下,资本管制的效果存在差异性。在金融高涨期与金融衰退期,资本管制对资本流动的限制效果减弱;而在金融平稳期，资本管制对资本流动可以产生较强的限制作用。并且发展中国家相较于发达国家，资本管制的效果受到金融周期的影响更强。

（3）国际金融周期是影响资本急停发生的重要因素，并且对不同经济体不同类别资本急停的影响存在差异性。国际金融周期对整体样本 SSI、SSIN、SSION、SSO、SSN 均有显著的正向影响，且分别对发达经济体 SSIN、SSION、SSO、SSN，发展中经济体 SSI、SSIN 和 SSION 的正向影响显著。因此，当国际金融周期进入萧条期，将增加 SSI、SSIN、SSION、SSO、SSN 的发生概率，尤其增加发达经济体 SSO，发展中经济体 SSI 的发生概率。资本管制对不同经济体 SSIN 的正向影响均显著，而对发展中经济体 SSON 的负向影响显著。并且当国际金融周期进入萧条期，发展中经济体实施资本管制对 SSON 的负向影响增强。这表明资本管制对各经济体 SSIN 流入驱动型资本急停均具有显著的防范作用，而对发展中经济体 SSON 流出驱动型资本急停可能产生促发作用，并且当国际金融周期进入萧条期 SSON 的发生概率增加。

（4）发达经济体和发展中经济体发生 SSION 均会产生显著的负向影响，发展中经济体发生 SSIN 的负向产出效应也很显著。锚定美元对发展中经济体 SSIN、SSION 负向产出效应发挥了显著的正向调节作用，经常项目是发展中经济体锚定美元影响 SSIN、SSION 负向产出效应的中介渠道。本书的研究结果对各经济体，尤其是对发展中经济体稳步推进汇率制度改革，防范资本急停负向产出效应，提供了有价值的参考。

（5）新兴经济体汇率波动增大会显著促进公共部门其他投资、总短期资本流入，抑制银行部门组合投资、其他投资和总短期资本流入以及企业部门其他投资和总短期资本流入。微观主体风险感知在汇率波动影响跨境资本流动中发挥着中介渠道的作用，而对不同部门的中介效应存在差异。

（6）人民币汇率水平上升会导致新兴经济体资本净流入减少；而人民币汇率波动上升将导致新兴经济体资本净流入增加。大宗商品价格和风险感知分别是汇率水平和汇率波动影响新兴经济体跨境资本流动的中介渠道。

（7）在金融周期的平稳期采用资本管制措施调节资本流动的方向和规

模,而在金融高涨期和衰退期,资本管制的政策效果不佳,可以结合宏观审慎管理措施针对不同类别的资本流动进行针对性的逆周期管理,也可以通过干预微观主体的预期,进而影响其跨境投资决策。可以采取资本管制措施防范流入驱动型资本急停,而对于流出驱动型资本急停可以更多地采取宏观审慎管理等措施,有针对性地调控资本流动的方向和程度。

(8) 作为新兴经济体,当前锚定美元并保持汇率的稳定对防范资本大规模流动具有重要性。人民币正在逐渐实现区域货币职能,继续增强在新兴市场中的主导性作用,通过周边化、区域化逐步实现汇率市场化自由化是可行路径。

11.2　关于行为金融学的理论解读

从本书的研究结论可以看到,在国际金融周期背景下,资本管制对跨境资本流动呈现非线性的政策效果。即:(1) 在国际金融周期处于上升期,资本管制的政策效果减弱。(2) 资本管制对流入驱动型资本急停的效果要好于流出驱动型。(3) 发展中国家相对于发达国家资本管制政策的效果更不理想。本书试图从微观视角,基于行为金融学理论对研究结论进行阐述。

其一,为何在国际金融周期的不同时期,资本管制的效果存在差异?

特沃斯基(Tversky,1992)认为,投资者在进行投资决策时,是依据其对资产未来收益预期而决定,其感兴趣的不是财富的最终价值,而是财富相对于心理预期变化值的大小,因此,投资收益预期就构成了价值函数中的参考点。假设监管当局以征收交易税的方式,对所有跨境资产交易均实施资本管制,这为投资者带来成本。如果按照特沃斯基(1992)的理论假设,资本管制所带来的成本影响不一定会对人们的决策行为产生固定的影响,这取决于人们对投资收益的预期。假如,投资者以当期收益作为参照点,如果在已经考虑管制所带来成本的条件下,预期下一期收益仍高于当期收益,投资者依然会进行投资。相反,如果将管制所带来的成本考虑在内,预期投资收益低于当期收益,投资者会放弃投资。如果此假设成立,预期收益成为影响跨境投资者投资与否的关键因素,那么什么因素影响了跨境投资者的预期收益呢?

金融周期对跨境投资者预期收益发挥着重要的作用。在金融高涨期,投资者对利润增速非理性的乐观情绪,导致预期收益上升;而在金融衰退期,投资者对利润增速非理性的悲观情绪,导致预期收益下降(Kindleberger,1978)。若是考虑金融周期的影响,资本管制对跨境资本流动的影响具有不确定性,其取决于投资者在金融周期波动下对收益的预期,以及由预期收益导致的对资本管制政策的反应。具体体现有:在金融高涨期,由于资产价格上升,投资者预期收益上升,其对资本管制所产生成本的敏感度下降,此时即便资本管制提高了跨境资本流动的成本,投资者可能仍然会实施与资本管制目标相反的跨境投资活动。同样地,在金融衰退期,由于资产价格下降,投资者预期收益下降,此时即便资本管制提高了跨境资本流动的成本,投资者可能仍然会实施与资本管制目标相反的跨境投资活动。因此,在金融周期的高涨期和衰退期,资本管制对资本流动的政策效果均有限。而在金融平稳期,投资者对利润增速的理性预期水平较高,投资者预期收益较平稳,此时实施资本管制措施,可以较好地达到政策效果。

第二,为何资本管制对于流入驱动型资本急停的管制效果较好?

很多学者认为,资本管制对流入方向资本的调整作用更明显(王晋斌和李南,2013;Magud et al.,2011),但其中机理少有文献研究。在异常资本流动中,流入口径的减少往往发生于经济从繁荣期进入平稳期,而金融周期会先于经济表现。在金融繁荣期,亢奋情绪会使投资者高估企业利润增速,夸大经济增速,投资者预期收益上升,而当金融周期逐渐向平稳期回落,投资者预期收益下降,虽然投资者预期收益下降,但经济尚未进入衰退期,此时若对放松对流入资本管制,资本流入的成本下降,仍然能吸引资本流入,防范流入驱动型资本急停效果较好。而流出驱动型资本急停大多发生在经济平稳期至衰退期,由于微观投资者的风险感知增强,资本为了防范风险而大量撤离,此时采取限制流出的资本管制措施,实际效果与预期的效果有较大的差距。

第三，为何发展中国家资本管制的政策效果更不理想？

在本书的第3章实证检验了国际金融周期的客观性，并且发现美国货币政策对于国际金融周期高区制产生显著影响。结合第4章的研究结论，在金融周期的萧条期，发展中经济体资本管制的政策效果不如人意。这两部分的研究结果意味着美国货币政策在影响发展中经济体资本管制政策效果中发挥着重要作用。在国际金融由于美元在国际货币体系中的核心作用，其显著影响国际资本流动方向。当由美元升值引起的发展中经济体跨境资本大规模流出时，资本管制的政策信号在某种程度上强化了国际资本的看空预期，或将加速发展中经济体资本流出的风险（Bertola & Drazen，1991）。并且，从预期理论的视角来看，当出现大规模资本流出时，预期收益会下降，资本管制带来的边际损失会下降，因此人们对管制带来的成本敏感度降低。

第四，为何稳定的汇率制度是发展中经济体应对资本急停的明智选择？

本书的第8章与第9章均论证发展中经济体稳定的汇率制度无论对于防范资本急停的发生还是缓和资本急停负向产出效应作用显著。从发展中经济体企业与金融机构对汇率风险的抵抗能力有限，相对稳定的汇率制度可以降低微观主体对该国汇率波动风险的不确定预期，从而减少大规模跨境投资活动。并且锚定汇率能更好地稳定经济波动，尤其是，美元是发展中经济体参与国际金融活动的重要货币，当发生外部冲击时，锚定美元可以减缓汇率波动产生的国际信贷压力，减缓产出冲击。孙华妤（2005）认为，对于发展中经济体而言，固定汇率更有利于经济的稳定。卡尔沃和莱因哈特（Calvo & Reinhart，2000a）论证债务美元化的发展中经济体担心汇率贬值导致国内企业和银行面临破产的风险，锚定美元仍是最优选择。

第五，为何汇率波动对新兴经济体不同主体跨境资本流动会产生差异化的结果？

跨境投资的不同主体对汇率波动产生的外汇风险具有差异化的反应。具体体现为波动增大会显著促进公共部门其他投资和总流入口径下跨境资本流入，抑制银行部门组合投资流入以及银行和企业部门跨境资本流出。这是由于不同投资主体面临汇率波动产生的外汇风险会采取不同的投资行为。公共部门为了防范由汇率波动带来的信贷紧缩,将通过国际借贷实现资本流入。而作为私人主体的银行部门和企业部门,东道国汇率波动产生的外汇风险会抑制其跨境投资活动,从而表现为资本流入减少。

11.3 政策建议

基于研究结论,本书提出以下政策观点。

第一,在全球化背景下,由于国际金融周期的客观存在性和"自维性"的特征,政府在采取各种政策措施时,应紧密联系国际金融周期的波动特点,在国际金融周期的不同阶段实施差异化的资本项目管理政策。在金融平稳期,政府可以采取结构性的资本管制措施防范资本大规模流动冲击。而在金融高涨期或金融衰退期,由于资本管制政策效果下降,此时需要综合应用宏观审慎政策措施,发挥政策的逆周期性。与此同时,加大对微观主体的预期干预,以及平滑投资者对未来收益的非理性预期,从而增加资本管制的政策效果。

第二,金融周期对发展中国家资本管制效果的影响要强于对发达国家资本管制效果的影响。这一研究结论暗示着成熟的法律制度环境和较高的市场化程度对于达到预期的资本管制政策目标具有积极的作用,其不仅有助于宏观经济基本面的改善,更重要的是完善的法律制度环境可以保护投资者权益,从而稳定投资者预期。因此,对于发展中国家而言,完善信息披露制度、加强产权保护法规建设,为投资者提供健康稳定的投资环境,是平滑金融周期对政策效果影响的有效途径。

第三,由于国际金融周期高区制受到美国货币政策的影响显著,作为发展中国家,需警惕美国加息政策对全球金融周期的影响。中国货币政策"自维性"特征显著,在高利率区制受到 VIX 的冲击较显著,而在低利率区制受到 VIX 的冲击有限。因此,我们在一定程度上质疑"二元悖论"对中国议题的适用性。具体表现为在高利率区制，"二元悖论"对中国具有一定的解释力，为保持较独立的货币政策，政策当局应实施严格的资本管制措施，防范大规模资本流动对国内经济的冲击。而在低利率区制，由于其"自维性"特征明显，受到美国货币政策的影响也并不显著，因此"二元悖论"对中国议题的适用性并不强，说明在低利率区制，中国货币政策在适度放松的汇率政策条件下仍然具有较大的操作空间。

第四，由于国际金融周期是影响资本急停发生的重要因素，因此当国际金融周期进入萧条期，各国需要警惕资本急停的发生。具体体现为，无论是发达经济体还是发展中经济体，均应防范 SSI、SSIN、SSION、SSO、SSN 的发生。发达经济体尤其要警惕总流出口径引发的 SSO，而发展中经济体则要重点关注总流入口径引发的 SSI。已有研究表明，相较于流出驱动型资本急停，流入驱动型资本急停对产出的负面影响更加显著（Callavo et al.,2015）。因此，当国际金融周期进入萧条期，发展中经济体对 SSI、SSIN 等流入驱动型资本急停的防范显得尤为重要。

第五，资本管制是防范流入驱动型资本急停的有效手段，而并非应对流出驱动型资本急停的明智之举。无论对于发达经济体还是发展中经济体，资本管制对防范 SSIN 均发挥着积极的作用，但对 SSON 等流出驱动型的资本急停未必能达到预期的效果，甚至会增加其发生概率。并且当国际金融周期进入萧条期，发展中经济体实施资本管制对此类资本急停的防范效果更加差强人意。这是由于当跨境资本出现大规模流出时，资本管制的政策信号在某种程度上强化了投资者的看空预期，或将加速资本流出，进而导致流出驱动型资本急停的发生。并且当国际金融周期进入萧条期，投资者信心下降，将进一步增加此类资本急停发生的可能性。然而，汇率的稳定性对防范各类资本急停均有显著的政策效果，并且在国际金融周期的调节下其政策效果增强。

第六，锚定美元的汇率制度仍然是发展中经济体防范资本急停负向产出效应的明智之举。锚定美元汇率制度对发展中经济体流入驱动型资本急停 SSIN、双向驱动型 SSION 的负向产出效应具有显著的正向调节作用。因此，发展中经济体应密切关注 SSIN、SSION 对产出的负向影响,并客观认知锚定美元汇率制度对缓解资本急停负向产出效应产生的积极作用。尤其是,对于人民币国际化进程加快的我国而言,应重视美元在人民币汇率中的权重,逐步扩大人民币汇率浮动区间,从而减缓跨境资本大规模流动对产出的负向冲击。

第七,中央银行要合理引导银行以及企业部门的跨境资本流向,采取逆周期措施有效应对大规模资本流入或流出压力,防范银行破产和企业倒闭的风险,尤其是在汇率高波动时期关注私人部门流入减少,以维持国家稳定和经济平稳发展。在汇率改革的过程中,要防范汇率过度波动带来的企业银行部门资本的流入减少,进而防范系统性金融风险。汇率波动增大带来外汇风险,投资者风险感知上升可能会将资本撤离新兴市场,为防范银行、企业部门资本流入大量减少引发的信贷紧缩,新兴经济体政策当局应循序渐进地推进汇率制度改革,以尽可能防范汇率大幅波动引发的资本大规模流动。微观主体要密切关注新兴市场债券指数的变动,以便更加高效地防范和化解跨境投资风险。该指数作为新兴市场投资者风险感知的代理变量,一定程度上暗示了新兴市场投资者的风险态度,对未来跨境资本的流向有很好的引导作用。

第八,人民币汇率水平和汇率波动对新兴经济体跨境资本流动产生的重要影响。具体表明为人民币汇率水平上升会导致资本净流入减少,而人民币汇率波动上升将导致净资本流入增加。而大宗商品价格和区域风险感知分别是汇率水平和汇率波动影响新兴经济体跨境资本流动的中介渠道。研究结果表明,人民币在区域金融体系中的地位越加重要,人民币将逐步承担区域货币职能,发挥区域核心货币的作用,这对人民币国际化进程的推进具有重要意义。

第12章

不足与展望

　　本书探究了资本管制、汇率制度安排对资本流动的非线性影响机理，从微观主体行为的角度突破传统宏观政策的制定体系，具有重要的理论意义，并探究汇率波动在防范大规模资本流动时的表现。然而无论从研究目标、研究内容还是研究方法上仍然存在拓展空间。从研究目标和研究内容而言，在当前国际金融格局下，各国金融关系愈加密切，存在着共同防范金融外部风险的内在需求和争取国际金融话语权的契机。因此，作为新兴经济体的核心国家，如何在防范外部风险的同时提升国际货币体系地位是摆在我国政府面前的重要问题。紧密结合现实背景，从干预微观主体风险感知的角度出发，以防范资本急停冲击为目的，探索人民币汇率波动的安全边界、区间及协调机制的汇率政策安排，以及汇率政策落地措施，具有更高的战略定位和研究空间。另外，本书利用经济学研究方法论证资本管制对资本急停的影响机理并作经验验证，更多关注变量与变量间的单向线性关系。而在当前金融全球化背景下，国家与国家之间、区域与区域之间的交互作用体现得更加突出，因此，通过交叉应用系统动力学的方法研究变量间的系统交互作用，探索其系统演化路径，更符合国际金融变量的运行特征。

　　综上所述，在全球金融一体化背景下，跨境资本流动这一领域仍然具有较大的研究空间和研究价值，尤其是对于新兴经济体而言，开放资本市场的话题具有重要的政策价值。中国作为新兴经济体的重要国家之一，探索防范资本项目的大规模流动的人民币汇率政策，是实现大国货币的必然要求。此外，经典的经济学研究方法注重变量间的线性关系，而随着国际金融关系的日趋紧密，变量间的交互作用进而呈现的复杂关系更符合现实基础。

结　语

　　本书在国际金融周期背景下，探讨了汇率制度、资本管制对跨境资本流动的影响。研究结论从整体上表明无论是资本管制还是汇率制度安排对跨境资本流动的影响均体现出非线性的特征。

　　开放资本市场和汇率浮动是开放经济框架下历久弥新的话题。但从本质上讲，这两个问题其实是货币同一个逻辑上的问题，是"一币两面"的问题。开放资本市场意味着该国货币可以自由地兑换、参与国际投资。而汇率作为货币的对外价格，使其浮动意味着该种货币的交易价格是由市场决定的，是不需要人为干预制定的，体现出价格在货币供求中的公正性。传统理论假设汇率浮动，也就是货币价格浮动可以使外汇市场自动出清，达到货币供需平衡。因此，防范对本国货币的过度追捧与抛售，从而防范大规模的跨境资本流动，在浮动汇率前提下是可以允许货币自由兑换的，即，开放资本市场。而相反，若采取固定汇率，即货币对外价格被人为地限定，即认为是"肮脏的"，若市场对该货币的估价和官方汇率出现偏差，即会导致对货币的投机行为，资本的逐利性趋势使其"蜂拥而至"或"一哄而散"，因此，需要对资本跨境流动进行管制。从这一逻辑出发，选择资本管制或者汇率浮动都是防范大规模资本流动可行的政策方案，而为何国际货币基金组织（IMF）成员中仅有40多个国家采取浮动汇率？为何大部分国家还是害怕浮动？跳出现行的国际货币体系，我们就可以发现端倪。西方发达经济体在现行的国际货币体系下，掌控着国际资本的流动规律，形成本国货币流入流出的闭环，在这样一种循环中货币持有者在疯狂地兑换货币的同时，实现着货币到资本的转化。而发展中经济体在这一体系中充当着协助强权货币实现自由兑换的角色，并且出于谨慎动机或参与国际经济金融体系的需要强化着强权货币的闭合环路。因此，发展中经济体货币自由的道路仍然很漫长。

在固定汇率和资本市场开放中择其一来维持货币政策的独立性是国防金融领域的经典理论，而2008年金融危机导致经济学家们再次反思这一理论的适用环境，因为他们发现货币资本的疯狂程度似乎可以突破汇率浮动对其造成的成本影响，呈现高度的全球性的运行规律。因此，单纯考虑对货币兑换实施管制还是对货币价格进行管理已经不足以很好地解决跨境资本大规模流动的问题。因此，总量口径观察、宏观审慎管理等成为探讨的热点。本书即是在对跨境资本流动这一议题的长期观察和研究的基础上，在国际金融周期背景下围绕汇率制度和资本管制对资本流动影响效果的非线性展开研究的成果汇集。

由于资本项目开放和汇率浮动是发展中经济体在发展的过程中不可回避的问题，因此，关于此议题的研究仍具有生命活力。可以继续研究的空间在于，持续从微观角度探索资本管制、汇率政策与跨境资本流动的非线性进而复杂性关系，期待会有新的发现。

参 考 文 献

[1] 陈奉先. 国际资本流动"突然停止"、消费平滑与最优外汇储备持有量 [J]. 经济理论与经济管理, 2016, 309 (9): 54–69.

[2] 陈琳, 袁志刚, 朱一帆. 人民币汇率波动如何影响中国企业的对外直接投资? [J]. 金融研究, 2020 (3): 18.

[3] 陈明玮, 袁梦怡, 王博. 新常态下宏观审慎工具的有效性——基于 DSGE 模型的分析框架 [J]. 财经问题研究, 2016, 396 (11): 59–65.

[4] 陈雨露, 马勇, 阮卓阳. 金融周期和金融波动如何影响经济增长与金融稳定? [J]. 金融研究, 2016 (2): 22.

[5] 陈智君. 在新开放经济宏观经济学框架下重新解读"三元悖论" [J]. 西安交通大学学报 (社会科学版), 2008, 28 (6): 6–12.

[6] 陈中飞, 王曦, 刘宛昆. 人民币汇率制度改革: 基于国际规律的视角 [J]. 国际金融研究, 2018, 380 (12): 74–83.

[7] 程立燕, 李金凯. 国际资本异常流动对中国经济增长的差异化影响研究——基于分位数模型的实证分析 [J]. 农村金融研究, 2020 (8): 11.

[8] 崔小勇, 张鹏杨, 张晓芳. 汇率制度转型的贸易和收入效应 [J]. 金融研究, 2016 (9): 67–81.

[9] 戴金平, 安蕾. 汇率波动与对外直接投资: 基于面板门限模型的分析 [J]. 世界经济研究, 2018 (5): 14–24, 135.

[10] 戴金平, 黎艳, 刘东坡. 汇率波动对世界经济的影响 [J]. 国际

金融研究，2017（5）：46 – 55.

［11］戴淑庚，余博. 资本账户开放背景下中国短期资本流动的驱动因素研究——基于半参数平滑系数模型［J］. 国际金融研究，2019（5）：76 – 86.

［12］董有德，谢钦骅. 汇率波动对新兴市场国家资本流动的影响研究——基于23个新兴市场国家2000 – 2013年的季度数据［J］. 国际金融研究，2015（6）：42 – 52.

［13］范小云，陈雷，祝哲. 三元悖论还是二元悖论——基于货币政策独立性的最优汇率制度选择［J］. 经济学动态，2015（1）：55 – 65.

［14］范小云，潘赛赛，王博. 国际资本流动突然中断的经济社会影响研究评述［J］. 经济学动态，2011，603（5）：118 – 123.

［15］房媛媛，曾晓曦. 我国短期跨境资本极端流动测度与影响因素研究——基于CDF模型的实证分析［J］. 西南金融，2020（5）：44 – 53.

［16］付伟. 资本管制变迁及中国资本管制改革研究［J］. 西南金融，2017，430（5）：26 – 31.

［17］高天畅. 如何合理地进行资本管制——从国际资本管制体制视角［J］. 经济师，2017，338（4）：80 – 81，83.

［18］葛奇. 宏观审慎管理政策和资本管制措施在新兴市场国家跨境资本流出入管理中的应用及其效果——兼析中国在资本账户自由化过程中面临的资本流动管理政策选择［J］. 国际金融研究，2017，359（3）：3 – 14.

［19］龚刚，高坚. 固定汇率制度下的独立货币政策——未来中国货币政策管理机制探讨［J］. 金融研究，2007（12）：35 – 54.

［20］苟琴，王戴黎，鄢萍，黄益平. 中国短期资本流动管制是否有效［J］. 世界经济，2012，35（2）：26 – 44.

［21］胡小文. 国际经济冲击与我国汇率制度选择：基于双目标双工具政策理论的研究［J］. 南开经济研究，2019，210（6）：37 – 63.

［22］胡再勇. 我国的汇率制度弹性，资本流动性与货币政策自主性研究［J］. 数量经济技术经济研究，2010（6）：20 – 34.

[23] 黄飞鸣. 金融危机与货币政策: 一个新的理论框架——兼论货币区的"三元悖论"之解 [J]. 金融评论, 2009 (1): 73-83.

[24] 黄玲. 资本管制是防范金融危机的有效手段吗? [J]. 经济学 (季刊), 2011, 10 (2): 457-476.

[25] 黄赛男, 刘雁蔚, 曾松林. 贸易开放度会影响极端国际资本流动吗?——基于54个经济体跨国面板数据的分析 [J]. 国际金融研究, 2020 (3): 45-54.

[26] 黄绍进, 姚林华, 韦晓霞. 人民币汇率波动与跨境资本流动的动态关系研究——基于DCC-GARCH模型 [J]. 区域金融研究, 2021 (2): 42-48.

[27] 姜波克. 汇率制度的选择及政策含义 [J]. 世界经济文汇, 2001 (5): 25-29.

[28] 金荦, 李子奈. 中国资本管制有效性分析 [J]. 世界经济, 2005 (8): 24-33.

[29] 靳玉英, 万超, 周洁, 等. 资本流入的突然中断与经常账户赤字的有效调节 [J]. 世界经济研究, 2010 (9): 7.

[30] 巨亚茹. 中国资本管制的有效性研究 [D]. 天津: 天津财经大学, 2013.

[31] 郎晓龙. 短期资本流动与金融风险 [J]. 中国外汇, 2008, 145 (15): 36.

[32] 李芳, 卢璐, 卢逸扬. 资本流动突然中断、汇率制度与经济增长 [J]. 财贸经济, 2018, 39 (2): 69-85.

[33] 李夏玲, 申之峰, 陈利馥. 人民币汇率波动与物价水平的传递效应研究——基于大宗商品价格指数等8种相关价格指数的实证检验 [J]. 价格理论与实践, 2021, 443 (5): 49-52.

[34] 李艳丽, 郭蓉, 贾文卿. 人民币汇率对短期国际资本流动的不对称影响研究: 基于NARDL模型 [J]. 世界经济研究, 2021 (3): 80-94, 135-136.

[35] 李银华，杨海珍. 国际资本流动管制效果的综合评价：基于文献挖掘的方法 [J]. 管理评论，2011，23（7）：116-123，130.

[36] 连玉君，程建. 不同成长机会下资本结构与经营绩效之关系研究 [J]. 当代经济科学，2006（2）：97-103，128.

[37] 梁权熙，田存志. 国际资本流动"突然停止"、银行危机及其产出效应 [J]. 国际金融研究，2011，286（2）：52-62.

[38] 梁锶，杜思雨. 国际金融周期、资本急停与政策效果 [J]. 国际金融研究，2020，400（8）：56-65.

[39] 梁锶，张品一. "二元悖论"对中国适用性的研判：基于国际金融周期的准确测度 [J]. 经济问题探索，2018b（11）：131-140.

[40] 刘骏斌，刘晓星. 美元加息、人民币汇率与短期跨国资本流动——基于适应性预期的视角 [J]. 财经科学，2017（8）：38-52.

[41] 刘凯，伍亭. 人民币汇率波动与中国对外直接投资：促进还是挤出 [J]. 宏观经济研究，2017，228（11）：11-20，50.

[42] 刘莉亚，程天笑，关益众，杨金强. 资本管制能够影响国际资本流动吗？[J]. 经济研究，2013（5）：33-46.

[43] 刘思跃，唐松慧. 人民币汇率变动对固定资产投资的影响研究：理论及实证 [J]. 世界经济研究，2017，281（7）：30-39，135.

[44] 刘元春，林垚. "不可能三角"还是"不可能二元"——评述传统开放宏观理论面临的新挑战 [J]. 国际金融研究，2020，399（7）：3-12.

[45] 陆静，罗伟卿. 国际金融危机期间的资本流入突停研究 [J]. 中国软科学，2012，256（4）：38-48.

[46] 路继业，张冲，张娆. 软钉住还是两极化：汇率制度演进中被淡忘的事实与解释 [J]. 世界经济，2020，43（8）：54-74.

[47] 路继业. 中间汇率制度的内在不稳定性：对"两极化"的新解释 [J]. 世界经济，2015，38（4）：169-192.

[48] 路妍，张寒漪. 短期国际资本流动对人民币汇率波动的影响——

基于 Markov Switching – VAR 方法的分析 [J]. 商业研究, 2020, 520 (8): 45 – 52.

[49] 马勇, 张靖岚, 陈雨露. 金融周期与货币政策 [J]. 金融研究, 2017 (3): 33 – 53.

[50] 马宇, 郑慧. 新兴市场国家跨境资本流动异常的影响因素分析——基于 93 个新兴市场国家的样本 [J]. 经济与管理评论, 2017 (6): 84 – 94.

[51] 牛晓健, 钱旭. 中国的短期国际资本流动是"推力"还是"拉力"? ——基于人民币汇改以来的规模测算与实证分析 [J]. 经济问题探索, 2014 (9): 107 – 111, 159.

[52] 彭星, 田龙鹏, 向婧. 金融周期条件下跨境资本流动时变效应及监测预警研究 [J]. 武汉金融, 2020 (2): 43 – 49.

[53] 皮天雷, 杨萍. 资本急停、稳健特征与银行贷款差异 [J]. 国际金融研究, 2015, 344 (12): 44 – 55.

[54] 钱晓霞, 王维安. 金融开放进程下中国汇率波动、短期资本和股价的联动效应研究 [J]. 国际经贸探索, 2016, 32 (12): 95 – 108.

[55] 莎莉·斯皮格尔, 张明. 怎样规避资本管制以及为什么它们仍能有效 [J]. 国际经济评论, 2012 (5): 6 – 7, 95 – 105.

[56] 盛松成. 协调推进利率、汇率改革和资本账户开放 [J]. 中国金融, 2012 (2): 9 – 12.

[57] 苏飞雨, 胡欢欢. 美元汇率周期及其对我国跨境资本流动影响研究 [J]. 区域金融研究, 2020 (S1): 30 – 33.

[58] 孙华妤. 固定汇率制度与浮动汇率制度下经济的自动稳定性 [J]. 国际贸易问题, 2005 (8): 98 – 104.

[59] 孙立坚, 孙立行. 资本管理的有效性和政策的配套性 [J]. 金融研究, 2003 (1): 18 – 27.

[60] 孙天琦, 王笑笑, 尚昕昕. 结构视角下的跨境资本流动顺周期性研究 [J]. 财贸经济, 2020, 41 (9): 70 – 85.

[61] 谭小芬, 高志鹏. 中美利率平价的偏离: 资本管制抑或风险因素?——基于2003-2015年月度数据的实证检验 [J]. 国际金融研究, 2017, 360 (4): 86-96.

[62] 田涛. 人民币汇率制度变迁对我国短期资本流动的影响——基于汇率预期与汇率波动的视角 [J]. 管理评论, 2016, 28 (6): 65-75.

[63] 汪洋. 再论中国货币政策与汇率政策的冲突 [J]. 国际经济评论, 2005 (1): 39-44.

[64] 王柏杰, 曾湘棋. 制度质量与短期国际资本流动——基于23个新兴市场国家和地区的经验研究 [J]. 山西财经大学学报, 2020, 42 (1): 42-55.

[65] 王东明, 鲁春义. 经济政策不确定性、金融发展与国际资本流动 [J]. 经济学动态, 2019 (12): 75-93.

[66] 王晋斌, 李南. 中国的货币政策是否存在非对称损失偏好 [J]. 世界经济, 2013, 36 (6): 3-17.

[67] 王晋斌, 袁忆秋, 戴颖玥. 资本管制能够起到防火墙的作用吗?——来自新兴经济体跨国面板数据的证据 [J]. 安徽大学学报 (哲学社会科学版), 2013, 37 (3): 136-142.

[68] 王珊珊, 黄梅波. 人民币区域化对中国货币政策独立性的影响——基于三元悖论指数的检验 [J]. 贵州财经大学学报, 2014 (6): 42-47.

[69] 魏巍贤, 张军令. 人民币汇率变动、跨境资本流动与资本管制——基于多国一般均衡模型的分析 [J]. 国际金融研究, 2018, 378 (10): 76-86.

[70] 魏英辉, 陈欣, 江日初. 全球金融周期变化对新兴经济体货币政策独立性的影响研究 [J]. 世界经济研究, 2018 (2): 52-62, 135.

[71] 温建东, 赵玉超, 汪军红. 中国资本管制有效性研究 [J]. 金融发展评论, 2010, 3 (3): 136-142.

[72] 温忠麟. 张雷, 侯杰泰, 刘红云. 中介效应检验程序及其应用 [J]. 心理学报, 2004 (5): 614-620.

[73] 伍戈, 陆简. 全球避险情绪与资本流动——"二元悖论"成因探

析 [J]. 金融研究, 2016 (11): 1-14.

[74] 肖卫国, 兰晓梅. 新一轮美联储加息对中国跨境资本流动溢出效应研究 [J]. 经济学家, 2017 (2): 84-90.

[75] 谢洪燕, 罗宁. 跨境资本流动的最新风险与趋势解析及对我国的启示 [J]. 国际贸易问题, 2011, 337 (1): 137-147.

[76] 熊园, 杨海珍, 戻于靖. 新兴市场国际资本流动的动因——基于亚洲和拉美新兴市场的研究 [J]. 金融论坛, 2014, 19 (6): 12-17.

[77] 徐明东, 解学成. 中国资本管制有效性动态研究: 1982-2008 [J]. 财经研究, 2009, 35 (6): 29-41.

[78] 徐震宇, 潘沁. 中国资本流入负效应的实证研究与资本逆转的防范 [J]. 国际金融研究, 2007, 245 (9): 60-64.

[79] 杨继梅, 马洁, 吕婕. 金融开放背景下金融发展对跨境资本流动的影响研究 [J]. 国际金融研究, 2020 (4): 33-42.

[80] 余永定, 张明. 资本管制和资本项目自由化的国际新动向 [J]. 国际经济评论, 2012 (5): 5-6, 68-74.

[81] 曾文, 陈中飞. 资本账户名义开放和跨境资本实际流动: 世界各国"言行一致"吗? [J]. 南方金融, 2019 (11): 83-93.

[82] 张斌, 徐奇渊. 汇率与资本项目管制下的人民币国际化 [J]. 国际经济评论, 2012, 100 (4): 6, 63-73.

[83] 张博, 陆雯婕. 我国资本管制有效性的实证分析 [J]. 东方企业文化, 2013, 131 (3): 40-41.

[84] 张广婷. 新兴市场国家跨境资本流动的驱动因素研究——基于因子分析法的实证分析 [J]. 世界经济研究, 2016 (10): 42-61, 135-136.

[85] 张昊宇, 陈中飞, 初可佳. 中国短期资本流动的驱动因素及时变特征——基于金融开放和金融稳定视角 [J]. 金融经济学研究, 2020, 35 (2): 87-98.

[86] 张良. 资本流动突然中断的影响因素分析 [J]. 财贸研究, 2010, 21 (4): 98-101.

[87] 赵丹. 经济不确定性、利率与短期跨境资本流动——基于 TVP - VAR 模型的研究 [J]. 北方金融, 2020 (4): 30 - 36.

[88] 郑璇. 流入驱动型与流出驱动型国际资本流动突然中断的影响因素分析——以新兴市场国家为例 [J]. 国际金融研究, 2014 (1): 86 - 95.

[89] 朱孟楠, 刘林. 短期国际资本流动、汇率与资产价格——基于汇改后数据的实证研究 [J]. 财贸经济, 2010 (5): 5 - 13, 135.

[90] Abiad A, Detragiache E, Tressel T. A new database of financial reforms [J]. IMF Staff Papers, 2010, 57 (2): 281 - 302.

[91] Ahmed S, Coulibaly B, Zlate A. International financial spillovers to emerging market economies: How important are economic fundamentals? [J]. Social Science Electronic Publishing, 2015 (1135): 1 - 33.

[92] Aizenman J, Chinn M D, Ito H. Monetary policy spillovers and the trilemma in the new normal: periphery country sensitivity to core country conditions [J]. Journal of International Money and Finance, 2016 (68): 298 - 330.

[93] Andrews D W K, Ploberger W. Optimal tests when a nuisance parameter is present only under the alternative [J]. Econometrica: Journal of the Econometric Society, 1994 (2) 1383 - 1414.

[94] Antonio C. David. Controls on capital inflows and the transmission of external shocks [J]. Cambridge Journal of Economics, 2008, 32 (6): 223 - 223.

[95] Arellano C, Mendoza E G. Credit frictions and "Sudden Stops" in small open economies: An equilibrium business cycle framework for emerging markets crises [R]. NBER Working Papers, 2002.

[96] Avdjiev S, Hardy B, Kalemliozcan S, et al. Gross capital flows by Banks, Corporates and Sovereigns [R]. Policy Research Working Paper, 2018.

[97] Alcidi C, Gros D. Country Adjustment to a "Sudden Stop": Does the Euro make a difference [J]. European Economy - Economic Paper, 2013, 492.

[98] Alfaro L, Kalemli - Ozcan S, Volosovych V. Why doesn't capital flow

from rich to poor countries? An empirical investigation [J]. The review of economics and statistics, 2008, 90 (2): 347 – 368.

[99] Araujo J D, David A C, Van Hombeeck C, et al. Non – FDI Capital Inflows in Low – Income Countries: Catching the wave? [J]. IMF Economic Review, 2017 (65): 426 – 465.

[100] Asongu S A, Nwachukwu J C. Fighting capital flight in Africa: evidence from bundling and unbundling governance [J]. Journal of Industry, Competition and Trade, 2017, 17 (3): 305 – 323.

[101] Baek I M, Portfolio Investment Flows to Asia and Latin America: Pull, push or market sentiment? [J] Journal of Asian Economics, 2006 (17): 363 – 373.

[102] Baron R M, Kenny D A. The moderator-mediator variable distinction in social psychological research: Conceptual, strategic, and statistical considerations [J]. Journal of Personality and Social Psychology, 1986, 51 (6): 11 – 73.

[103] Barry E. The Global Gamble on Financial Liberalization: Reflections on Capital Mobility, National Autonomy, and social justice* [J]. Ethics & International Affairs, 1999, 13 (1): 205 – 226.

[104] Bayoumi T, Sarno L, Taylor M P. European capital flows and regional risk [J]. The Manchester School, 1999, 67 (1): 21 – 38.

[105] Bekaert G, Harvey C R. Foreign speculators and emerging equity markets [J]. The Journal of Finance, 2000, 55 (2): 565 – 613.

[106] Bekaert G, Hoerova M, Duca M L. Risk, uncertainty and monetary policy [J]. Journal of Monetary Economics, 2013, 60 (7): 771 – 788.

[107] Bénassy – Quéré A, Fontagné L, Lahrèche – Révil A. Exchange – Rate Strategies in the Competition for Attracting Foreign Direct Investment [J]. Journal of the Japanese & International Economies, 2001, 15 (2): 178 – 198.

[108] Bernanke B S. Can China be like Chattanooga? Shifting from industry to services [R]. The Brookings Institution Site, 2015.

参考文献

[109] Bernoulli D. Exposition of a new theory on the management of risk [J]. Econometrica, 1954, 3 (2): 65-86.

[110] Bertola G, Drazen A. Trigger points and budget cuts: explaining the effects of fiscal austerity [J]. 1991.

[111] Bertola G, Drazen A. Trigger points and budget cuts: explaining the effects of fiscal austerity [R]. National Bureau of Economic Research, 1991.

[112] Bhattacharyya S, Dowrick S, Golley J. Institutions and Trade: Competitors or complements in economic development? [J]. Economic Record, 2010, 85 (3): 318-330.

[113] Bittel S D, Grill R R. Obtaining low bond interest rates [J]. Healthcare financial management: Journal of the Healthcare Financial Management Association, 1995, 49 (11): 48-50.

[114] Bleaney M. Real exchange rates, valuation effects and growth in emerging markets [J]. Open Economies Review, 2009: 631-643.

[115] Bordo M D, Cavallo A F, Meissner C M. Sudden stops: Determinants and output effects in the first era of globalization, 1880-1913 [J]. Journal of Development Economics, 2010, 91 (2): 227-241.

[116] Brana S, Lahet D. Determinants of capital inflows into Asia: The relevance of contagion effects as push factors [J]. Emerging Markets Review, 2010, 11 (3): 273-284.

[117] Broner F, Didier T, Erce A, Schmukler S L. Gross capital flows: Dynamics and crises [J]. Journal of Monetary Economics, 2013, 60 (1): 113-133.

[118] Bruno V, Shin H S. Capital flows and the risk-taking channel of monetary policy [J]. Journal of Monetary Economics, 2015, 71 (4): 119-132.

[119] Bruno V, Shin H S. Capital flows, cross-border banking and global liquidity [R]. National Bureau of Economic Research, 2013.

[120] Burstein A, Eichenbaum M, Rebelo S. Modeling exchange rate pass-

through after large devaluations [J]. Journal of Monetary Economics, 2007, 54 (2): 346 – 368.

[121] Caballero R J, Krishnamurthy A. International and domestic collateral constraints in a model of emerging market crises [J]. Journal of Monetary Economics, 2001, 48 (3): 513 – 548.

[122] Calderón C, Kubota M. Sudden stops: Are global and local investors alike? [J]. Journal of International Economics, 2013, 89 (1): 122 – 142.

[123] Calvo G A, Izquierdo A, Mejia L F. On the empirics of sudden stops: the relevance of balance-sheet effects [J]. 2004.

[124] Calvo G A, Izquierdo A, Mejía L F. Systemic sudden stops: the relevance of balance-sheet effects and financial integration [R]. National Bureau of Economic Research, 2008.

[125] Calvo G A, Leiderman L, Reinhart C M. Capital inflows and real exchange rate appreciation in Latin America: the role of external factors [J]. Staff Papers, 1993, 40 (1): 108 – 151.

[126] Calvo G A, Leiderman L, Reinhart C. Capital flows to developing countries in the 1990s: Causes and effects [J]. Journal of Economic Perspectives, 1996, 10 (2): 123 – 139.

[127] Calvo G A, Reinhart C M. Fear of floating [J]. The Quarterly Journal of Economics, 2002, 117 (2): 379 – 408.

[128] Calvo G A, Talvi E. Sudden stop, financial factors and economic collpase in Latin America: learning from Argentina and Chile [J]. 2005.

[129] Calvo G A, Végh C A. Inflation stabilization and BOP crises in developing countries [J]. Handbook of Macroeconomics, 1999 (1): 1531 – 1614.

[130] Calvo G A. Capital flows and capital-market crises: the simple economics of sudden stops [J]. Journal of applied Economics, 1998, 1 (1): 35 – 54.

[131] Caporale G M, Ali F M, Spagnolo N. Exchange rate uncertainty and international portfolio flows: A multivariate GARCH-in-mean approach [J].

Journal of International Money and Finance, 2015 (54): 70 -92.

[132] Carvalho B S M, Garcia M G P. Ineffective controls on capital inflows under sophisticated financial markets: Brazil in the nineties [M]//Financial markets volatility and performance in emerging markets. University of Chicago Press, 2008: 29 -96.

[133] Cato L A V. Sudden Stops and Currency Drops: A Historical Look [J]. NBER Chapters, 2007: 243 -290.

[134] Cavallo E A, Frankel J A. Does openness to trade make countries more vulnerable to sudden stops, or less? Using gravity to establish causality [J]. Journal of International Money and Finance, 2008, 27 (8): 1430 -1452.

[135] Cavallo E, Powell A, Pedemonte M, Tavella, P. A New Taxonomy of Sudden Stops: Which Sudden Stops should Countries be Most Concerned About? [J]. Journal of International Money and Finance, 2015 (51): 47 -70.

[136] Cavallo, Domingo F. Argentina's New Economic Measures Are Pro - Growth [J]. Wall Street Journal - Eastern Edition, 2001, 237 (127): A11.

[137] Cerutti E, Claessens S, Rose A K. How important is the global financial cycle? Evidence from capital flows [J]. IMF Economic Review, 2019, 67 (1): 24 -60.

[138] Cerutti M E, Claessens M S, Puy M D. Push factors and capital flows to emerging markets: why knowing your lender matters more than fundamentals [M]. International Monetary Fund, 2015.

[139] Chari V V, Kehoe P J, McGrattan E R. Sudden stops and output drops [J]. American Economic Review, 2005, 95 (2): 381 -387.

[140] Chinn M D, Ito H. Current account balances, financial development and institutions: Assaying the world "saving glut" [J]. Journal of International Money and Finance, 2007, 26 (4): 546 -569.

[141] Cholnick C B. Exchange rate expectations and foreign direct investment flows [J]. Weltwirtschaftliches Archiv, 2002, 138 (1): 1 -21.

[142] Cole H L, Kehoe T J. Self-fufilling debt crises [J]. Review of Economic Studies, 2000, 67 (1): 91 – 16.

[143] Collier P, Hoeffler A, Pattillo C. Flight capital as a portfolio choice [J]. The World Bank Economic Review, 2001, 15 (1): 55 – 80.

[144] Davis J S, Presno I. Capital controls and monetary policy autonomy in a small open economy [J]. Journal of Monetary Economics, 2017 (85): 114 – 130.

[145] De Gregorio J, Edwards S, Valdés R O. Controls on capital inflows: do they work? [J]. Journal of Development Economics, 2000, 63 (1): 59 – 83.

[146] Dées S, Galesi A. The Global Financial Cycle and US monetary policy in an interconnected world [J]. Journal of International Money and Finance, 2021 (115): 102395.

[147] Devereux M B, Young E R, Yu C. A new dilemma: Capital controls and monetary policy in sudden stop economies [R]. National Bureau of Economic Research, 2015.

[148] Dornbusch R, Goldfajn I, Valdés R O, Edwards S. Currency crises and collapses [J]. Brookings papers on economic activity, 1995 (2): 219 – 293.

[149] Dornbusch R. Expectations and exchange rate dynamics [J]. Journal of Political Economy, 1976, 84 (6): 1161 – 1176.

[150] Durdu C B, Mendoza E G, Terrones M. Precautionary Demand for Foreign Assets in Sudden Stop Economies: An Assessment of the New Mercantilism: Working Paper 2007 – 10 [R]. 2007.

[151] Edison H, Reinhart C M. Stopping hot money [J]. Journal of Development Economics, 2001, 66 (2): 533 – 553.

[152] Edwards S. Capital Controls, External Imbalances, Sudden Stops and Contagion [C]//University of California, Santa Cruz Conference (SCCIE), September, 2006.

[153] Edwards S. Capital controls, sudden stops, and current account

reversals [M]//capital controls and capital flows in Emerging Economies: policies, practices, and consequences. University of Chicago Press, 2007: 73 – 120.

[154] Edwards S. How effective are capital controls? [J]. Journal of Economic Perspectives, 1999, 13 (4): 65 – 84.

[155] Edwards S. Terms of trade, tariffs, and labor market adjustment in developing countries [J]. The World Bank Economic Review, 1988, 2 (2): 165 – 186.

[156] Eichengreen B, Gullapalli R, Panizza U. Capital account liberalization, financial development and industry growth: A synthetic view [J]. Journal of International Money and Finance, 2011, 30 (6): 1090 – 1106.

[157] Einzig P. The history of foreign exchange [M]. London: Macmillan, 1962.

[158] Faucette J E, Rothenberg A D, Warnock F E. Outflows-induced sudden stops [J]. The journal of policy reform, 2005, 8 (2): 119 – 129.

[159] Fernandez – Arias E, Montiel P J. The surge in capital inflows to developing countries: an analytical overview [J]. The World Bank Economic Review, 1996, 10 (1): 51 – 77.

[160] Filer II L H. Large capital inflows to Korea: the traditional developing economy story? [J]. Journal of Asian Economics, 2004, 15 (1): 99 – 110.

[161] Fischer S, Cooper R N, Dornbusch R, et al. Should the IMF Pursue Capital – Account Convertibility? [R]. International Economics Section, Departement of Economics Princeton University, 1998.

[162] Fisher M, Raman A. Reducing the cost of demand uncertainty through accurate response to early sales [J]. Operations research, 1996, 44 (1): 87 – 99.

[163] Flood R P, Rose A K. Understanding exchange rate volatility without the contrivance of macroeconomics [J]. The Economic Journal, 1999, 109 (459): F660 – F672.

[164] Forbes K J, Warnock F E. Capital flow waves: Surges, stops,

flight, and retrenchment [J]. Journal of International Economics, 2012, 88 (2): 235 -251.

[165] Forssbaeck J, Oxelheim L. On the Link Between Exchange-rate Regimes, Capital controls and monetary policy autonomy in small european countries, 1979 – 2000 [J]. World Economy, 2006, 29 (3): 341 -368.

[166] Frankel J. Proposals regarding restrictions on capital flows [J]. African Finance Journal, 1999, 1 (1): 92 -104.

[167] Fratzscher M. Capital flows, push versus pull factors and the global financial crisis [J]. Journal of International Economics, 2012, 88 (2): 341 - 356.

[168] Ganguly S, Breuer J B. Nominal exchange rate volatility, relative price volatility, and the real exchange rate [J]. Journal of International Money & Finance, 2010, 29 (5): 840 -856.

[169] Garcia M G P, Barcinski A. Capital flows to Brazil in the nineties: macroeconomic aspects and the effectiveness of capital controls [J]. Quarterly Review of Economics and Finance, 1998, 38 (3): 319 -358.

[170] Guidotti P E, Federico S, Agustin V. On the consequences of sudden stops [J]. Economia, 2004 (4): 171 -214.

[171] Guidotti P E, Villar A, Sturzenegger F. Aftermaths of Current Account Reversals: Export Growth or Import Compression [C]//Eighth LACEA Meeting, Puebla, Mexico, October, 2003.

[172] Gyntelberg J, Remolona E M. Risk in carry trades: a look at target currencies in Asia and the Pacific [J]. Bis Quarterly Review, 2007.

[173] Habib M M, Venditti F. The global capital flows cycle: structural drivers and transmission channels [J]. 2019.

[174] Hamilton J D. A new approach to the economic analysis of nonstationary time series and the business cycle [J]. Econometrica, 1989, 57 (2): 357 -384.

［175］Hansen B E. Inference when a nuisance parameter is not identified under the null hypothesis［J］. Econometrica: Journal of the econometric society, 1996, 64 (2): 413 –430.

［176］Hausmann R, Gavin M, Stein E. Financial turmoil and choice of exchange rate regime［R］. Inter – American Development Bank Working Paper, 1999.

［177］Hernandez – Verme P, Raymond A K. Cox. Financial Fragility, Exchange – Rate Regimes, and Sudden stops in a small open economy［J］. Ekonomi-tek, 2012 (3): 25 –54.

［178］Hutchison M M, Noy I. Output costs of currency and balance of payments crises in emerging markets［J］. Comparative Economic Studies, 2002, 44 (2 –3): 27 –27.

［179］Ilzetzki E, Reinhart C M, Rogoff K S. Exchange arrangements entering the twenty-first century: Which anchor will hold?［J］. The Quarterly Journal of Economics, 2019, 134 (2): 599 –646.

［180］Jayasuriya S, Leu S C Y. fine-tuning an open capital account in a developing country: The indonesian experience［J］. Asian Development Review, 2012, 29 (2): 136 –182.

［181］Jeasakul P. Sudden stops of international capital flows: causes and consequences［J］. WilliamCollege, http: //library. williams. edu/theses/pdf, 2005.

［182］Jordà Ò, Schularick M, Taylor A M, Ward F. Global financial cycles and risk premiums［J］. IMF Economic Review, 2019, 67 (1): 109 –150.

［183］Kaminsky G L. Crises and sudden stops: Evidence from international bond and syndicated-loan markets［R］. National Bureau of Economic Research, 2008.

［184］Kawai U H. The determinants of the location of foreign direct investment by Japanese small and medium-sized enterprises［J］. Small Business Economics, 2000, 15 (2): 79 – 103.

[185] Kehoe T J, Kim J R. Sudden stops, sectoral reallocations, and the real exchange rate [J]. Journal of Development Economics, 2009, 89 (2): 235 – 249.

[186] Kehoe T J, Ruhl K J. Sudden stops, sectoral reallocations, and the real exchange rate [J]. Journal of Development Economics, 2009, 89 (2): 235 – 249.

[187] Keyes D W, Edwards W J, Derning T J. Mitigating mental retardation in capital cases: finding the " Invisible" defendant [J]. Mental and physical disability law reporter, 1998, 22 (4): 529 – 539.

[188] Khatiwada S. Quantitative easing by the fed and international capital flows [R]. Graduate Institute of International and Development Studies Working Paper, 2017.

[189] Kiyota K, Urata S. Exchange Rate, Exchange Rate Volatility and Foreign Direct Investment [J]. World Economy, 2010.

[190] Klein M W, Shambaugh J C. Rounding the corners of the policy trilemma: sources of monetary policy autonomy [J]. American Economic Journal: Macroeconomics, 2015, 7 (4): 33 – 66.

[191] Kokenyne A. Faced with the growing influx of capital [Face aux afflux croissants de capitaux] [J]. Finance and Development, 2010, 47 (3).

[192] Krugman P. Balance sheets, the transfer problem, and financial crises [M]. Springer Netherlands, 1999.

[193] Levine R, Loayza N, Beck T. Financial intermediation and growth: Causality and causes [J]. Journal of Monetary Economics, 2000, 46 (1): 31 – 77.

[194] Li C, Liu H, Jiang Y. Exchange rate risk, political environment and Chinese outward FDI in emerging economies: A panel data analysis [J]. Economics, 2015, 3 (5 – 6): 145 – 155.

[195] Magud N E, Reinhart C M, Rogoff K S. Capital Controls: Myth and

Reality A Portfolio Balance Approach, NBER Working Paper, 2011.

[196] Magud N E, Vesperoni E R. Exchange rate flexibility and credit during capital inflow reversals: Purgatory…not paradise [J]. Journal of International Money and Finance, 2015 (55): 88 – 110.

[197] Manias K C, panics, and crashes: A History of Financial Crises [M]. Palgrave Macmillan, 1978.

[198] Maurice Obstfeld. Chapter 34 The intertemporal approach to the current account [J]. Handbook of International Economics, 1995, 3.

[199] Mendoza E G. Endogenous sudden stops in a business cycle model with collateral constraints: a Fisherian deflation of Tobin's Q [J]. 2006.

[200] Mendoza E G. Real Exchange Rate Volatility and the Price of Nontradables in Sudden – Stop – Prone Economies [J]. Economía, 2006, 6 (1): 103 – 148.

[201] Mendoza E G. Sudden stops, financial crises, and leverage [J]. American Economic Review, 2010, 100 (5): 1941 – 1966.

[202] Merler S, Pisani – Ferry J. Sudden stops in the euro area [R]. Bruegel policy contribution, 2012.

[203] Milesi – Ferretti G M, Detragiache E, Tweedie A J, et al. La libéralisation des mouvements de capitaux: Aspects analytiques [M]//La libéralisation des mouvements de capitaux. International Monetary Fund, 1999.

[204] Milesi – Ferretti G M, Tille C. The great retrenchment: international capital flows during the global financial crisis [J]. Economic policy, 2011, 26 (66): 289 – 346.

[205] Minella A, De Freitas P S, Goldfajn I, et al. Inflation targeting in Brazil: constructing credibility under exchange rate volatility [J]. Journal of international Money and Finance, 2003, 22 (7): 1015 – 1040.

[206] Miranda Agrippino S, Rey H. World Asset Markets and Global Liquidity, presented at the Frankfurt ECB BIS Conference, February 2012, mimeo,

London Business School.

[207] Miranda – Agrippino S, Nenova T, Rey H. Global footprints of monetary policy [R]. Discussiorr Papers, 2020.

[208] Miranda – Agrippino S, Rey H. World asset markets and the global financial cycle [M]. Cambridge, MA: National Bureau of Economic Research, 2015.

[209] Miranda – Agrippino S, Rey H. US Monetary Policy and the Global Financial Cycle [R]. National Bureau of Economic Research, 2015.

[210] Montiel P. Macroeconomic in Emerging Markets [M]. Cambridge, UK: Cambridge University Press, 2003.

[211] Montiel, Peter, and Carmen M. Reinhart. Do capital controls and macroeconomic policies influence the volume and composition of capital flows? Evidence from the 1990s [J]. Journal of International Money and Finance, 1999, 18 (4): 619 –635.

[212] Mundell R A. Capital mobility and stabilization policy under fixed and flexible exchange rates [J]. Canadian Journal of Economics and Political Science/revue Canadienne De Economiques Et Science Politique, 1963, 29 (4): 475 – 485.

[213] Natalia T. Tamirisa. Trade in Financial Services and Capital Movements [J]. Journal of Financial Services Research, 2003, 24 (1).

[214] Neumann R M, Penl R, Tanku A. Volatility of capital flows and financial liberalization: Do specific flows respond differently? [J]. International Review of Economics & Finance, 2009, 18 (3): 488 –501.

[215] Obstfeld M, Ostry J D, Qureshi M S. Global financial cycles and the exchange rate regime: A perspective from emerging markets [C]//AEA Papers and Proceedings. 2018 (108): 499 –504.

[216] Obstfeld M, Rogoff K. The mirage of fixed exchange rates [J]. Journal of Economic perspectives, 1995, 9 (4): 73 –96.

参 考 文 献

[217] Obstfeld M, Shambaugh J C, Taylor A M. Monetary sovereignty, exchange rates, and capital controls: The trilemma in the interwar period [J]. IMf Staff Papers, 2004, 51 (1): 75 – 108.

[218] Obstfeld M, Taylor A M. Globalization and capital markets [M]// Globalization in historical perspective. University of Chicago Press, 2003: 121 – 188.

[219] Obstfeld M, Taylor A M. International monetary relations: Taking finance seriously [J]. Journal of Economic Perspectives, 2017, 31 (3): 3 – 28.

[220] Raddatz C, Schmukler S L, Williams T. International asset allocations and capital flows: The benchmark effect [J]. Journal of International Economics, 2017 (108): 413 – 430.

[221] Radelet S, Sachs J. Asia's reemergence [J]. Foreign Aff., 1997, 76 (6): 44.

[222] Reinhart C M, Reinhart V R. Capital flow bonanzas: An encompassing view of the past and present [C]//NBER international seminar on macroeconomics. Chicago, IL: The University of Chicago Press, 2009, 5 (1): 9 – 62.

[223] Reinhart C M, Rogoff K S. The modern history of exchange rate arrangements: a reinterpretation [J]. The Quarterly Journal of Economics, 2004, 119 (1): 1 – 48.

[224] Reinhart C, Calvo G. When capital inflows come to a sudden stop: Consequences and policy options [J]. MPRA Paper, 2000: 175 – 201.

[225] Rey H. Dilemma not trilemma: the global financial cycle and monetary policy independence [R]. National Bureau of Economic Research, 2015.

[226] Rothenberg A D, Warnock F E. Sudden flight and true sudden stops [J]. Review of International Economics, 2011, 19 (3): 509 – 524.

[227] Saxena S C, Rishi M, Cerra V. Robbing the Riches: Capital Flight, Institutions, and Instability [J]. IMF Working Papers, 2005.

[228] Shambaugh J C. The effect of fixed exchange rates on monetary policy

[J]. The Quarterly Journal of economics, 2004, 119 (1): 301 – 352.

[229] Stiglitz J E. Capital market liberalization, economic growth, and instability [J]. World Development, 2000, 28 (6): 1075 – 1086.

[230] Taylor M P, Sarno L. Capital flows to developing countries: long-and short-term determinants [J]. The World Bank Economic Review, 1997, 11 (3): 451 – 470.

[231] Terner A, Halilovic A. Intellectual Capital and Predefined Headings in Swedish Health Care Sector [C]//MATEC Web of Conferences. EDP Sciences, 2017.

[232] Tornell A, Westermann F. Boom-bust cycles in middle income countries: Facts and explanation [J]. IMF Staff Papers, 2002, 49 (Suppl 1): 111 – 155.

[233] Trepel C, Fox C R, Poldrack R A. Prospect theory on the brain? Toward a cognitive neuroscience of decision under risk [J]. Cognitive brain research, 2005, 23 (1): 34 – 50.

[234] Tversky A, Kahneman D. Advances in prospect theory: Cumulative representation of uncertainty [J]. Journal of Risk and Uncertainty, 1992 (5): 297 – 323.

[235] Tversky A, Kahneman D. Causal schemas in judgments under uncertainty [M]//Progress in social psychology. Psychology Press, 2015: 49 – 72.

[236] Udomkerdmongkol M, Morrissey O, Goerg H. Exchange Rates and Outward Foreign Direct Investment: US FDI in Emerging Economies [J]. Review of Development Economics, 2010, 13 (4): 754 – 764.

[237] Von Neumann J, Morgenstern O. Theory of games and economic behavior, Princeton, 1944 [J]. On Decision – Making under Uncertainty, 1944.

[238] Yun W, Gunasekarage A, Power D M. Return and volatility spillovers from developed to emerging capital markets: The case of South Asia [J]. Contemporary Studies in Economic and Financial Analysis, 2005 (86): 139 – 166.